BIBLIOTECA DE IDEAS
de Especialidades Juveniles

teatro
para refrescar tu ministerio

LA BIBLIOTECA DE IDEAS

Teatro para refrescar tu ministerio

BIBLIOTECA DE IDEAS
de Especialidades Juveniles

teatro
para refrescar tu ministerio

Vida®

La misión de Editorial Vida es ser la compañía líder en satisfacer las necesidades de las personas con recursos cuyo contenido glorifique al Señor Jesucristo y promueva principios bíblicos.

TEATRO
Edición en español publicada por
Editorial Vida – 2004
Miami, Florida

© 2004 por Youth Specialities

Originally published in the USA under the title:
   Drama, Skits & Sketches
   © 1997 by Youth Specialities
Published by permission of Zondervan, Grand Rapids, Michigan 49530, U.S.A.

Traducción: *Gloria Vázquez*
Edición: *Madeline Díaz*
Diseño de cubierta: *Curt Sell*
Diseño interior: *Curt Sell y Grupo de diseño Paz*
Adaptación de diseño interior: *Ruth Madrigal Chinchilla*
Director de Arte: *Mark Rayburn*

RESERVADOS TODOS LOS DERECHOS

Esta publicación no podrá ser reproducida, grabada o transmitida de manera completa o parcial, en ningún formato o a través de ninguna forma electrónica, fotocopia y otro medio, excepto como citas breves, sin el consentimiento previo del publicador.

ISBN: 978-0-8297-3911-4

Categoría: Ministerio juvenil

IMPRESO EN ESTADOS UNIDOS DE AMÉRICA
PRINTED IN THE UNITED STATES OF AMERICA

12 13 14 15 ❖ 15 14 13 12 11 10

CONTENIDO

Lista por orden alfabético de cada idea de este libro   6
Índice de historietas por temas   7

SOLO PARA DIVERTIRSE

El espectáculo más grande de la tierra   11
El monje monótono   11
Algunos lo hacen   16
Enterrador fronterizo   16
Obras creativas   16
Revista teatral   16
Guitarras aplastadas   17
El show de arte   17
Silbato de panza   18
¿Quién está en primera?   18

MELODRAMAS ESPONTÁNEOS

¿Qué son los melodramas espontáneos?   29
La parábola del buen samaritano   30
El rico tonto   30
Una excursión en el lago   34
La parábola del gran banquete   34
Peligros del pródigo   34
Dos hombres ciegos   34

OBRAS CON UN MENSAJE

Anuncios colgados   45
El testimonio de los $64,000   45
Un buen día en una inundación desastroza   45
Rin Rin bíblico   45
¿Por qué la vida es tan vacía?   55
El tiempo es correcto   55
Diez por ciento   55
Jesús conoce a una mujer   55
Tomás conoce a Dios   63
¿Sacrificarme? ¿Yo? ¡Debes estar bromeando!   63
¡Háblame!   63
Misiones microcósmicas   63
Renta a un cristiano   72
¡Tira esa obra!   72
Cruces de diseño   72
Toma tu cruz   72
¡Hola, soy Habacuc!   72
El rap del samaritano   72
¡Culpable!   72
Guillermo el pródigo   72
El problema con los amigos   91
El evangelio ligero   91
Radio dramas   93
Enfrentamiento de las generaciones   93
Salto bungee con Dios   93
Tarjeta American Express para el noviazgo   93
Los mejores amigos van al cine   93
Cuerpo hermoso   103
Dios y los impuestos   103
Juan el Preparado   103
El testigo   103
Pero Señor, ¿eso no es demasiada actuación?   103
Cartas para mamá   103
El drama de la vida del cuerpo   103
¡Oh, no, Jesús... no más tiempo extra!   103
Y nuestro invitado de esta noche es _____   129
La cuenta, por favor   129
El diezmador   129
La guerra en tu mundo   129
¿Puede esperar, por favor?   129
Elevador   129
Caras somos nosotros   129
La balada del tibio   145
Receta para la indigestión espiritual   147
La ejecución   148

LISTA POR ORDEN ALFABÉTICO

Algunos lo hacen	16
Anuncios colgados	45
Caras somos nosotros	129
Cartas para mamá	103
Cruces de diseño	72
Cuerpo hermoso	103
¡Culpable!	72
Diez por ciento	55
Dios y los impuestos	103
Dos hombres ciegos	34
El espectáculo más grande de la tierra	11
El diezmador	129
El drama de la vida del cuerpo	103
El evangelio ligero	91
El monje monótono	11
El problema con los amigos	91
El rap del samaritano	72
El show de arte	17
El testigo	103
El testimonio de los $64,000	45
El tiempo es correcto	55
El rico tonto	30
Elevador	129
Enfrentamiento de las generaciones	93
Enterrador fronterizo	16
Guillermo el pródigo	72
Guitarras aplastadas	17
¡Háblame!	63
¡Hola, soy Habacuc!	72
Jesús conoce a una mujer	55
Juan el Preparado	103
La balada del tibio	145
La cuenta, por favor	129
La ejecución	148
La guerra en tu mundo	129
La parábola del buen samaritano	30
La parábola del gran banquete	34
Los mejores amigos van al cine	93
Misiones microcósmicas	63
Obras creativas	16
¡Oh, no, Jesús... no más tiempo extra!	103
Peligros del pródigo	34
Pero Señor, ¿eso no es demasiada actuación?	103
¿Por qué la vida es tan vacía?	55
¿Puede esperar, por favor?	129
¿Quién está en primera?	18
Radio dramas	93
Receta para la indigestión espiritual	147
Renta a un cristiano	72
Revista teatral	16
Rin Rin bíblico	45
¿Sacrificarme? ¿Yo? ¡Debes estar bromeando!	63
Salto bungee con Dios	93
Silbato de panza	18
Tarjeta American Express para el noviazgo	93
¡Tira esa obra!	72
Toma tu cruz	72
Tomás conoce a Dios	63
Una excursión en el lago	34
Un buen día en una inundación desastroza	45
Y nuestro invitado de esta noche es	129

ÍNDICE DE HISTORIETAS POR TEMAS

¿Estás buscando una obra de teatro o un drama para tu reunión que hable sobre la fe? ¿Amistad? ¿Valores y prioridades? ¿La voluntad de Dios? ¿La salvación? Simplemente revisa la lista de temas y encuentra la obra perfecta para tu propósito y tu grupo. (Algunos de los que están bajo la categoría de «Solo para divertirse» están listados aquí, porque... bueno, son solo para divertirse y no tienen tema en sí.)

Adoración
Jesús conoce a una mujer	55

Alcance y evangelismo
Cruces de diseño	72
El testimonio de los $64,000.00	45
Toma tu cruz	72
El testigo	103

Amistad
El problema con los amigos	91

Amor
Tarjeta American Express para el noviazgo	93
La parábola del buen samaritano	30

Anuncios
(Utiliza estos para presentar los anuncios en un evento... de una manera distinta, pura diversión y entretenimiento)
Anuncios colgados	45

Auto-imagen 103
Cuerpo hermoso	103
El drama de la vida del cuerpo	103
Caras somos nosotros	129

Campamentos /Retiros
(Particularmente convenientes para campamentos y retiros)
La balada del tibio	145
La ejecución	148
¡Háblame!	63

Comunicación
Enfrentamiento de las generaciones	93
Algunos lo hacen	16
¡Háblame!	63

Confianza
Pero Señor, ¿eso no es demasiada actuación? (Josué y la batalla de Jericó)	103
Una excursión en el lago	34
Un buen día en una inundación desastrosa	45
¡Hola, soy Habacuc!	72

Crecimiento espiritual
Un buen día en una inundación desastrosa	45

Cuerpo de Cristo
El drama de la vida del cuerpo	103

Dinero / Diezmo
El rico tonto	30
Diez por ciento	55
El diezmador	129

Dios
Tomás conoce a Dios	63

El Espíritu Santo
Los mejores amigos van al cine	93

Falsedad
La balada del tibio	145
Caras somos nosotros	129
Renta a un cristiano	72
El testimonio de los $64,000.00	45
Toma tu cruz	72
El testigo	103

Familia
Enfrentamiento de las generaciones	93

Fe
Salto bungee con Dios	93
Elevador	129
Dios y los impuestos	103
¡Hola, soy Habacuc!	72

Una excursión en el lago	34
¡Oh, no, Jesús... no más tiempo extra! (Alimentación de los 5,000)	103
¡Tira esa obra!	72

Futuro
El tiempo es correcto	55

Hipocresía
La balada del tibio	145
Cruces de diseño	72
El evangelio ligero	91
Toma tu cruz	72

Historias bíblicas y pasajes
(Historias creativas de la Biblia)
Pero Señor, ¿eso no es demasiada actuación? (Josué y la batalla de Jericó)	103
¡Hola, soy Habacuc!	72
Jesús conoce a una mujer	55
Juan el Preparado (Juan el Bautista)	103
Cartas para mamá (Conversión de Pablo)	103
¡Oh, no, Jesús... no más tiempo extra! (Alimentación de los 5,000)	103
Parábola del buen samaritano	30
Parábola del gran banquete	34
Peligros del Pródigo (El hijo pródigo)	34
El rico tonto	30
¿Sacrificarme? ¿Yo? ¡Debes estar bromeando! (Romanos 12:1-2)	63
El rap del samaritano	72
Dos hombres ciegos (Mateo 20:29-34)	34
La guerra en tu mundo (Génesis 1)	129
Guillermo el pródigo (El hijo pródigo)	72

Honestidad
Y nuestro invitado de	

esta noche es_____ 129
¡Háblame! 63

Jesús
La ejecución 148
Jesús conoce a una mujer 55
Juan el Preparado (Juan el Bautista) 103
¡Oh, no, Jesús... no más tiempo extra!
   (Alimentación de los 5,000) 103

Juicio
¡Hola, soy Habacuc! 72

Materialismo y el mundo
Cruces de diseño 72
El rico tonto 30
¿Por qué la vida es tan vacía? 55
Guillermo el pródigo (El hijo pródigo) 72

Miedo
Elevador 129
Una excursión en el lago 34

Misiones
Misiones microcósmicas 63

Muerte
La cuenta, por favor 129

Noviazgo, Matrimonio
Tarjeta American Express
   para el noviazgo 93
Algunos lo hacen 16

Obediencia
Rin Rin bíblico 45
Pero Señor, ¿eso no es demasiada
   actuación?
   (Josué y la batalla de Jericó) 103

Oración
Y nuestro invitado de esta
   noche es_____ 129
Dios y los impuestos 103

Padres
(Véase Familia)

Pecado
La cuenta, por favor 129
¡Culpable! 72
Receta para la indigestión espiritual 147

Perdón
Guillermo el pródigo (El hijo pródigo) 72

Perseverancia
Pero Señor, ¿eso no es demasiada
   actuación?
   (Josué y la batalla de Jericó) 103
Un buen día en una
   inundación desastrosa 45

Preocupación
Elevador 129

Presión de los semejantes
Los mejores amigos van al cine 93
Cuerpo hermoso 103
Pero Señor, ¿eso no es demasiada
   actuación?
   (Josué y la batalla de Jericó) 103

Popularidad
Cuerpo hermoso 103
¿Por qué la vida es tan vacía? 55

Reino de Dios
El tiempo es correcto 55

Sabiduría
El tiempo es correcto 55
Guillermo el pródigo (El hijo pródigo) 72

Sacrificio
¿Sacrificarme? ¿Yo?
   ¡Debes estar bromeando!
   (Romanos 12:1-2) 63

Salvación y gracia
La cuenta, por favor 129
¡Culpable! 72
Jesús conoce a una mujer 55
Cartas para mamá 103
¡Tira esa obra! 72

Sociedad
La guerra en tu mundo 129

Valores y prioridades
Los mejores amigos van al cine 93
¿Puede esperar, por favor? 129
La parábola del buen samaritano 30
El problema con los amigos 91
Diez por ciento 55
El tiempo es correcto 55
El diezmador 129
¿Por qué es la vida tan vacía? 55

Vida cristiana
La balada del tibio 145

Rin Rin bíblico 45
Salto Bungee con Dios 93
El evangelio ligero 91
Receta para la indigestión espiritual 147
Renta a un cristiano 72
¿Sacrificarme? ¿Yo?
   ¡Debes estar bromeando!
   (Romanos 12:1-2) 63
Toma tu cruz 72
Tomás conoce a Dios 63

Voluntad de Dios
Rin Rin Bíblico 45
Hola, Soy Habacuc 72

SOLO
PARA DIVERTIRSE

SOLO PARA DIVERTIRSE

Algunas de estas obras son largas; otras cortas. Unas requieren algo de preparación o nada de ella, y otras involucran memorizar el guión. Todas claman por actores que no tengan temor de representarlas. Mientras más se esfuercen los actores en llevar a cabo sus actuaciones, más risas obtendrán.

EL ESPECTÁCULO MÁS GRANDE DE LA TIERRA

Los 56 juegos de palabras en esta obra en la página 12 garantizan 56 gruñidos de desaprobación.

Chris Herpolsheimer

EL MONJE MONÓTONO

Un viejo chiste que todavía provoca risas a los grupos de jóvenes. J. Russell Matzke

PERSONAJES
 Abbot
 Monje Monótono
 El portador del letrero

Utilería
 Un cartel grande que diga DIEZ AÑOS DESPUÉS

Pide al público que se imagine un monasterio donde el Monje Monótono ha hecho un voto de silencio

ABBOT: Así que, Monje Monótono, ¿acaba de hacer un voto de silencio?

(El Monje Monótono mueve la cabeza diciendo que sí)

ABBOT: ¿Conoce lo que significa este voto de silencio?

EL ESPECTÁCULO MÁS GRANDE DE LA TIERRA

PERSONAJES

- Narrador • Jefe Leland, dueño del Gran Circo • Bozo el payazo, asistente de Leland
- Guillermo Espada • Electro, el enchufe humano • Nelson Furioso, la bala humana
- Barney Tumba, la momia moderna • Terry Espeluznante, el equilibrista del terror

NARRADOR: El Gran Circo del Jefe Leland ha llegado a un pequeño pueblo en Grasola. El Jefe intenta organizar a su tropa de actores. Llama a su mejor amigo y confiable compañero, Bozo el payaso.

JEFE: Bozo, ven acá. ¿Tienes idea de cómo es Grasola?

BOZO: He escuchado que es un pueblo rudo.

JEFE: ¿De verdad? Encuentro eso difícil de creer. Bozo, la agenda de este año del circo es muy estricta. Me temo que debemos limitar el número de actos que tenemos. Algunos de los que poseemos ahora se tienen que eliminar. Escribí una lista de los dudosos. Quiero que vayas por Guillermo Espada y lo traigas aquí. Quiero hablar con él acerca de sus actos de cuchillos.

NARRADOR: Así que Bozo lleva a Guillermo Espada con el Jefe. (*Entran Bozo y Guillermo*)

JEFE: Bueno, bueno, Guillermo, no te ves muy afilado en el día de hoy.

GUILLERMO: ¿Me quería ver Jefe?

JEFE: Sí, así es...

GUILLERMO: Se trata de mi acto de cuchillos, ¿no?

JEFE: Me temo que sí. Mira Guillermo, date cuenta de que tu acto de cuchillos ya no corta mucho por aquí.

BOZO: Sí, siempre fue un poco aburrido.

GUILLERMO: Ya entiendo... creen que ya no puedo afilarlo más. Bueno, admito que estoy un poco oxidado pero aún les llevo la delantera por un tajo a los demás actores.

JEFE: Lo siento, Guillermo, he tratado de moldearte para ser una estrella competente en el circo, pero no has hecho un buen trabajo. No importa cuánto trates de desmenuzar este asunto, es tiempo de cambiar, Espada.

NARRADOR: Así que Guillermo Espada sale triste de su hogar, el circo. (*Guillermo sale llorando*)

BOZO: Creo que tus palabras perforaron su corazón.

NARRADOR: Ahora Bozo llama a su próximo candidato en la lista de dudosos. Electro, el enchufe humano. (*Entra Electro*)

JEFE: Electro, quiero hablar contigo acerca de algo.

ELECTRO: ¿De verdad? ¿De qué es?

JEFE: Tengo malas noticias para ti.

ELECTRO: Si es acerca de la cuenta de luz del mes pasado, puedo explicarte…

JEFE: No, no tiene nada que ver con eso. Quizás esto llegue como un corto circuito para ti, pero estoy desconectando tu acto.

ELECTRO: Pero, ¿por qué? He estado aquí unas cuantas semanas. ¿No podrías darme una extensión?

JEFE: Absolutamente no.

ELECTRO: No te puedes deshacer de mí de esta forma. ¡Tengo conexiones!

JEFE: Mira, no quemes tus fusibles. Has viajado todo el circuito con nosotros, pero dada la situación actual, tengo que desconectarte del Gran Circo.

ELECTRO: ¡Pero soy el más deslumbrante del espectáculo!

JEFE: ¡Vete a volar!

NARRADOR: Así que Electro también deja con desconsuelo su hogar, el circo. (*Sale Electro*)

BOZO: Nunca fue muy brillante.

JEFE: ¿Quién sigue en la lista?

BOZO: Nelson Furioso, la bala humana

JEFE: Probablemente está en el cuarto de la pólvora. Tráelo. Será relativamente fácil echar fuera a la bala.

NARRADOR: Así que Bozo, el mejor amigo del Jefe, trae a la bala.

JEFE: Hola Nelson.

NELSON: Hola, Jefe. ¿Quería hablar conmigo?

JEFE: Sí, se trata de tu acto.

NELSON: ¿Mi acto? ¿Se le ha disparado algo en la mente?

El espectáculo más grande de la tierra—3

JEFE: No exactamente, Nelson. Me doy cuenta de que eres un gran tiro por aquí, pero te estoy despidiendo.

NELSON: Pero, ¿por qué? Mi acto siempre ha estado lleno de emoción. Todos dicen que es un estallido de risas.

JEFE: Sé razonable. Ciertamente un hombre de tu calibre puede entender. Siempre obtengo una explosión de aplausos en tu acto, pero necesitas encontrar un nuevo trabajo en algún otro lugar.

NELSON: Odio ser como un revolver. ¡Salgo disparado!

NARRADOR: Y así la bala humana sale del Gran Circo para siempre. *(Sale Nelson)*

JEFE: Bueno, ya no lo veremos más.

BOZO: Ese viejo portador de pistolas.

NARRADOR: ¡De pronto Bozo recibe malas noticias!

BOZO: Jefe, ¡me han dado malas noticias!

JEFE: ¿Qué pasa?

BOZO: ¡Barney Tumba, la momia moderna, se va del circo!

JEFE: ¿Qué? Tráelo aquí. ¡Quiero a la momia!

NARRADOR: Así que Bozo lleva con el Jefe a la momia moderna. *(Entran Bozo y Barney)*

JEFE: ¿Qué es esto que oigo acerca de que te vas?

BARNEY: Así es. Ya me cansé de todo esto.

JEFE: Estás bromeando.

BARNEY: No, estoy fríamente serio.

JEFE: Siempre has estado tan envuelto en tu trabajo. Quizás necesitas unas vacaciones para desenredarte un poco. Te sentirás mucho mejor.

BARNEY: No. Ya me cansé de estar enterrado en la responsabilidad. Y mi salud... me siento como un difunto todo el tiempo.

JEFE: ¿De dónde desenterraste esa excusa?

BARNEY: Este es un asunto de ultratumba, Jefe. No lo tome a la ligera. Esta rutina del circo me aburre hasta paralizarme.

JEFE: Siento que las cosas han estado un poco muertas últimamente.

BARNEY: No trates de echarle la culpa a otro, Jefe. ¡Adiós!

NARRADOR: Y Barney la momia moderna sale enojado del circo. *(Sale Barney)*

BOZO: Su acto jamás fue muy vivo que digamos.

JEFE: ¿Quién sigue en la lista?

BOZO: Terry Espeluznante, el equilibrista del terror. Voy a buscarlo.

NARRADOR: Así que Terry Espeluznante, el equilibrista del terror, entra de puntillas a ver al Jefe. *(Terry entra de puntillas)*

TERRY: Hola Jefe. ¿Qué pasa?

JEFE: Terry, temo que tu acto de equilibrista se va a caer.

TERRY: No trate de ponerme tropiezos.

JEFE: Tenemos problemas balanceando el presupuesto y últimamente te has salido de la línea.

TERRY: Pero Jefe, ¡siempre he caminado sobre la raya! ¡Y no se le olvide que tengo amigos en lugares altos!

JEFE: Lo siento, Terry. ¡Estás fuera! Estamos cansados de ti y de que siempre actúes como si estuvieras por encima de todos.

TERRY: Soy un tipo con la cabeza equilibrada, ¡pero ha llevado esto demasiado lejos! ¡Renuncio!

NARRADOR: Terry Espeluznante sale del circo de puntillas. *(Sale Terry)*

JEFE: Bueno Bozo, ese es el final de la lista. De alguna forma es un poco triste verlos irse.

BOZO: Pero Jefe, ¿acaso esta obra no tiene un final feliz?

JEFE: Claro Bozo. Todos estarán felices de saber que la misma se ha terminado.

FIN

(El Monje Monótono mueve la cabeza diciendo que sí)

ABBOT: Pues entonces ya sabe, no puede decir nada más que dos palabras después de 10 años. Ya se puede ir.

(Después que el Monje Monótono sale, el que lleva el letrero atraviesa el escenario cargando un cartel que dice DIEZ AÑOS DESPUÉS. El Monje Monótono vuelve a entrar

ABBOT: Bueno, Monje Monótono, ya pasaron 10 años, ahora puede decir sus dos palabras.

MONJE MONÓTONO: Cama dura.

ABBOT: Bien, ya se puede marchar.

(Mientras el Monje Monótono sale, el cargador del letrero entra con el cartel que indica que han pasado 10 años más. El Monje Monótono vuelve a entrar)

ABBOT: Bueno, Monje Monótono, ha servido aquí otros 10 años. Puede hablar sus dos palabras.

MONJE MONÓTONO: Comida mala.

ABBOT: Bueno, ya se puede ir.

(Mientras el Monje Monótono sale, el cargador del letrero aparece de nuevo. El Monje Monótono vuelve a entrar).

ABBOT: Bueno Monje Monótono, ha estado aquí otros 10 años. Puede decir sus dos palabras.

MONJE MONÓTONO: Yo renuncio. (Sale)

ABBOT: (Dirigiéndose al Monje Monótono) Vaya, pues no me sorprende. Se ha quejado de todo desde que llegó aquí.

ALGUNOS LO HACEN

Este es apropiado para alguna fiesta del día de San Valentín o como una introducción delicada para tu plática acerca del sexo, el amor y el noviazgo.
Nancy y Robb Mann

Un joven y una señorita están sentados en la banca de un parque.

ÉL: (nervioso) Qué noche.

ELLA: Sí, qué noche

ÉL: Qué luna.

ELLA: Sí, qué luna

ÉL: Qué estrellas.

ELLA: Sí, qué estrellas

ÉL: Qué parque.

ELLA: Sí, qué parque.

ÉL: (Se acerca a ella, después usando sus dedos señala gotitas de agua en la banca) Algunas gotas caen.

ELLA: ¡Pues yo no! (Y le da una cachetada tumbándolo de la banca)

ENTERRADOR FRONTERIZO

Advertencia: ¡Este drama clásico con un tema del Oeste está lleno de puntadas! Comienza en la página XX.

OBRAS CREATIVAS

Pon varios objetos comunes y corrientes en un número de bolsas conforme a la cantidad de equipos que tengas. Los objetos pueden ser cosas como: clips, aplicadores de algodón, palillos de paletas de helado, etc. Coloca las mismas cosas en cada bolsa y dale a los equipos 20 minutos para crear un drama alrededor de un tema previamente seleccionado. El drama puede ser serio o chistoso pero los equipo deben utilizar cada objeto de la bolsa y todos los miembros de cada equipo deben participar.

Después del tiempo límite que cada equipo presente su drama. *Joe Snow*

REVISTA TEATRAL

Un desfile de modas excéntrico siempre resulta un buen drama si se hace con un poco de creatividad. Las siguientes ideas salen bien cuando arreglas el escenario para un desfile de modas, con un buen locutor que describa las muchas modas y buenos «modelos» (hombres o mujeres) que traten de caminar imitando a los modelos reales. Los resultados pueden ser muy chistosos. Utiliza estos o usa algunos propios.

- **Vestido de costal.** Un vestido hecho de un costal de papas con bolsas de papel colgadas alrededor. Incluso se puede usar un costal en la cabeza del modelo.
- **Vestido de noche.** Un vestido con menús de restaurantes, servilletas, saleros, pimenteros, platos, comida, etc. que le cuelguen.
- **Vestido de primavera.** Un vestido con flores reales. La cartera puede ser una bolsa de fertilizante con alguna pala, etc.
- **Vestido de té.** Un vestido con bolsitas de té alrededor y como cartera una tetera.
- **Falda multicolor y suéter con prendedor.** Una falda con crayolas y dibujos de algún libro de colorear alrededor; el suéter con docenas de alfileres.

- **Chaqueta de piel de ante y falda acolchonada.** Billetes de dinero pegados en la chaqueta; una colcha hecha falda (acolchonada) o bolitas de algodón pegadas a la falda.
- **Suéter con fondo y pantalones que hacen juego.** Un suéter con un fondo sobre él y pantalones con algo similar a lo del suéter.
- **Saco como en la televisión.** Una bata con teleguías, antenas, etc. por todos lados. *Patti Hughes*

GUITARRAS APLASTADAS

Para este drama necesitas dos guitarras baratas que puedan ser rotas pero que se puedan tocar. Necesitarás dos cantantes, de los cuales uno debe saber tocar la guitarra. Este drama funciona mejor si los actores son líderes del grupo. Preséntalos como el nuevo grupo acústico traído desde Nashville o Los Ángeles y dales un nombre apropiado (Los Nabos Aplastados, Hilo Dental, etc.).

Este tipo de comedia requiere una actuación sin expresión de parte de ambos actores. Los resultados son para reírse. Puedes obtener guitarras dañadas o de segunda mano. Mientras los cantantes comienzan a cantar que hagan lo siguiente:

1. ROBERTO comienza a cantar desafinado molestando a DANI. DANI critica a ROBERTO y le jala una cuerda a la guitarra de ROBERTO tirando de ella lo más que pueda y luego soltándola.

2. DANI canta. ROBERTO lo detiene, saca un par de pinzas, y corta todas las cuerdas de la guitarra de DANI excepto una.

3. ROBERTO comienza a cantar de nuevo. DANI lo detiene y le quita su guitarra, toma un serrucho y le corta el brazo a la guitarra de ROBERTO, luego se la regresa.

4. ROBERTO suelta lo que queda de su guitarra y le da vuelta a la de DANI. Mientras DANI sostiene la guitarra mostrando su parte trasera al público, ROBERTO apunta hacia ella como a un blanco con un martillo, luego lo lanza y le hace un hoyo.

5. DANI toma la guitarra de ROBERTO, la pone en el suelo junto a una silla, se sube a la silla y se dispone a brincar sobre ella. Cuenta: «¡uno! ¡dos! ¡tres!» y brinca. Pero al brincar ROBERTO rápidamente pone la guitarra de DANI sobre la suya y como resultado DANI cae sobre las dos.

6. Entonces cada uno recoge su guitarra, tratan de pegarlas como pueden, finalizan la canción y salen.

EL SHOW DEL ARTE

Cuelga fotografías o pinturas sobre la pared a diferentes alturas. Que varios jóvenes vean las fotografías deteniéndose para mirar cada una por unos momentos o para comentarle a alguien acerca de las imágenes. Todos deben estar vestidos con gabardinas o abrigos. El último joven que pasa lleva puesto un sobretodo que se encuentra colgado en un gancho para ropa, el cual sostiene sobre su cabeza.

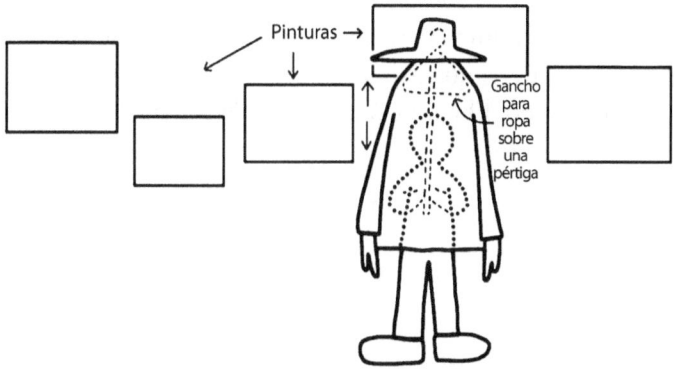

Un sombrero oculta la parte superior del gancho. Mientras que pasa viendo cada imagen se ajusta a cada altura levantando o bajando el abrigo. El efecto es realmente chistoso *Bill Chaney*

SILBATO DE PANZA

Esto es algo que sigue haciendo reír aunque la preparación sea tan poco delicada como lo es el drama. Se anuncia que el señor Panza Silbato ha sido invitado a una gran reunión de talentos para interpretar un número musical. El señor Silbato sale, quien es un tipo que tiene un sombrero gigante cubriendo su cabeza, brazos y hombros, con una camisa y un corbata en forma de lazo a la altura de su cintura y brazos falsos colgando de su cadera. En la panza descubierta se pinta una cara con la boca en el ombligo, dando la apariencia de que la boca está en una posición para silbar. El sujeto silba una tonada haciendo que su estómago se meta y se salga, eso hace que parezca como si inflara los cachetes. Puede usarse una grabadora con un silbido si la persona no puede silbar muy bien. Esto es muy chistoso de ver y provee de muchas carcajadas en una reunión.

¿QUIÉN ESTÁ EN PRIMERA?

Sin duda esta es una de las mejores y más divertidas experiencias del siglo que se hayan escrito... o actuado. El único problema con representar esto es que se tiene que memorizar, no solo leer. El tiempo lo es todo. El guión comienza en la página 24.

Enterrador Fronterizo

PERSONAJES
• Narrador • Samuel Alamoda • Pina «Pay» Alamoda
• Gatillo Mortífero (Gati) • José Plata • Anito

NARRADOR: Los creadores de Fatrical presentan (música) El Enterrador Fronterizo... ¿Estás flaco y consumido? ¿Eres tan delgado que tienes que usar esquís de agua en la tina para no irte por el drenaje? Cuando te volteas y sacas la lengua, ¿pareces un zipper? ¿Cuando bebes jugo de fresa, pareces un termómetro? ¡Entonces necesitas Fatrical, la bebida que te hace aumentar de peso! Fatrical no es una píldora, no es algo sólido, no es un líquido. Es un gas que inhalas. Fatrical viene en un delicioso sabor gaseoso... mostaza. Cuesta solamente $4.95 la caja y el equipo para inhalarlo solamente cuesta $5,678.00. Esto incluye un tanque de 283,170 litros, 90 metros de manguera, tres bombas, dos filtros, el perro y el gato. Ahora, volvamos a nuestra historia: Gatillo Mortífero, el enterrador fronterizo. La escena se desarrolla en la mansión de Samuel Alamoda, ranchero rico y dueño del Rancho Barbacoa, en Costilla Extra, Texas. Samuel se está muriendo y está hablando con su hermosa hija Pina Alamoda, a quién él llama Pay amorosamente.

SAMUEL: Pay, querida, me estoy muriendo otra vez. Llama a Gatillo Mortífero, el enterrador fronterizo. Que venga con la carroza fúnebre.

PAY: ¿Qué tienes papá? ¿Cuál es tu malestar?

SAMUEL: Me tragué el termómetro y estoy muriendo por grados.

PAY: Llamaré a Gatillo Mortífero ahora mismo.

NARRADOR: Sin saberlo Samuel Alamoda, su capataz, José Plata, está escondido afuera escuchando la conversación.

JOSÉ: Así que se muere el viejo Samuel. Ojalá y así fuera. Entonces podría tomar el rancho y estar bien de por vida. Siempre tiene una enfermedad tonta. La semana pasada tragó dinamita y su pelo le creció en franjas. Antes de eso se tragó una bomba de hidrógeno y tenía un dolor atómico. Sufre de enfermedad de flor... está floreando el idiota. Y aquí viene el novio tonto de Pay Alamoda, Anito. Pobre muchacho... es huérfano, Anito el huerfanito... mejor me voy...

ANITO: No he visto a mi novia Pay Alamoda en dos semanas. Caramba, tiene ojos hermosos... uno café y los otros dos azules. La última vez que me lanzó una mirada, los levanté y se los puse de nuevo. Recuerdo la primera vez que me besó... se me congeló el cuerpo por dentro hasta la espina... después descubrí que su helado estaba goteando. Tocaré la puerta. (Toca)

PAY: ¿Quién es?

ANITO: Soy yo mielecita... y te digo mielecita porque tienes colmenas.

PAY: Ohh, mi galletita... y te digo galletita porque tienes boronitas.

NARRADOR: Interrumpimos esta escena de amor para traer un mensaje de nuestros patrocinadores: Maquillajes Peter Pan. Usa Peter Pan antes que las arrugas te fastidien. Este es el maquillaje utilizado por las estrellas como Sylvester Stallone, Sharon Stone y Beethoven, el perro. Escucha esta carta de la Señora Margatiroide Corneta de Labiodehígado, Mississippi: «Mi cara tenía tantas arrugas que tenía que atornillarme el sombrero. Después usé el maquillaje Peter Pan y ya no me veo como una mujer vieja... ahora me veo como un anciano. Mis arrugas se encogieron y ahora cada vez que levanto mis cejas, se me suben los calcetines. Le doy todo el crédito a Peter Pan...» Usted puede ser bella también... ahora, regresamos a Enterrador Mortífero. Gatillo Mortífero, el enterrador, está contestando el teléfono.

GATILLO: Oh, es usted señorita Pay Alamoda. ¿Quiere que vaya a ver a su padre? Bueno, mi carroza me está dando problemas... creo que le dañé un ataúd. Tengo que dejar de usar el líquido de embalsamar como gasolina en el tanque porque el motor sigue muriéndose. Sí... sí... bueno, déjeme terminar mi desayuno. Estoy comiendo Trigo Muerto y Tostadas de Fantasmas... Bueno, me apuraré. Adiós.

NARRADOR: Pay Alamoda cuelga y sale a encontrarse con su amado Anito el huerfanito en su lugar favorito... el cementerio familiar.

PAY: Es tan romántico el cementerio. Ahí está la tumba de mi tío Ernesto. Mira, hay algunos gusanos haciendo el amor sobre el muerto.

ANITO: Querida, ¿puedo pedir tu mano en matrimonio?

PAY: ¿Mi mano? Oh, sí. En realidad puedes pedir mi brazo también.

ANITO: Aquí tienes, pondré este anillo en tu dedo.

PAY: Ahhhh, tu cara se está poniendo roja.

ANITO: Sí, y tu dedo se está poniendo verde... después de todo hemos estado juntos por doce años.

PAY: Pues qué quieres... ¿una compensación? Vamos a decirle a mi padre.

NARRADOR: Este programa ha sido auspiciado por la Compañía de Seguros Demente Doble. Madres, ¿tienen hijos? Entonces protéjanlos con una póliza doble. Pagamos 100,000 dólares si su hijo muere por una manada de elefantes blancos corriendo al este en jueves. Si pierdes un brazo, podemos ayudarte a buscarlo. Si eres golpeado en la cabeza, pagamos un chichón de dinero. Tenemos una cláusula doble de indemnización también: si te mueres en un accidente, te enterramos dos veces. A continuación mostramos un reporte del Consejo de Seguridad Nacional. Se espera que 356 personas morirán en accidentes este fin de semana, hasta ahora 135 han sido reportados. Algunos de ustedes no se están esforzando... Ahora, volvemos a nuestra historia. José Plata está planeando secuestrar a Pay Alamoda y pedir una recompensa por ella. Piensa que Samuel Alamoda se está muriendo pero realmente no es así. Gatillo Mortífero, el enterrador, va de camino al rancho.

GATILLO: Bueno, aquí estoy. Cuando estés a las puertas de la muerte, yo te sacaré.

SAMUEL: Qué bueno es verte Gatillo. ¿Me puedes proporcionar un buen funeral?

GATILLO: Te proveeré un buen funeral o tu momia de regreso. ¿Puedo mostrarte nuestro plan de apartado?

SAMUEL: Soy un hombre enfermo, un hombre enfermo. El doctor me dijo que tomara una medicina después de un baño caliente y todavía no termino de tomarme el baño.

GATILLO: Necesitas un poco de Chiflante, la medicina de mi mamá... una dosis y vas a colgar los tenis.

SAMUEL: Gatillo, ¿puedo confiar en ti?

GATILLO: Por supuesto, ¿te he desilusionado alguna vez?

SAMUEL: No confío en mi capataz José Plata. Tiene una mirada muy sospechosa.

GATILLO: Samuel, sé que José Plata quiere secuestrar a tu hija para evitar que se case con Anito el huerfanito.

SAMUEL: Gatillo, debemos hacer algo. Piensa en algún plan.

NARRADOR: ¿Acaso Gatillo Mortífero pensará en un plan? Mientras lo piensa, vamos con unas palabras de Juan Honesto, lo mejor en carros usados. Juan Honesto tiene ofertas en carros usados que no te las puedes perder. Aquí hay un Essex 887. Este es un carro revolucionario... el presidente Washington lo manejó. Las llantas están tan gastadas que no solo puedes atropellar a algunos peatones, los puedes hasta matar. Este programa también es traído a ustedes por Guacala, la pasta de dientes que te da mal aliento con el Sello de Bienestar para tu Hogar. ¿Están tus dientes como los Diez Mandamientos... todos rotos? ¿Tienes una boca como si fuera un camión doble... un piso arriba y otro abajo? Entonces usa

Guacala. Guacala contiene aceite de eucalipto traído desde Australia. Este aceite de eucalipto es el secreto de Guacala. Millones de usuarios dicen: «Nos mataste». Se sincero con tus dientes y ellos jamás serán falsos contigo. Ahora, regresamos con Enterrador Fronterizo. Samuel, Pay, Anito y Gatillo Mortífero están tramando para deshacerse de José Plata.

SAMUEL: Tengo un dolor de cabeza que me parte en dos.

GATILLO: ¿Te has chequeado los ojos?

SAMUEL: No, siempre han sido azules. Gatillo, ¿por qué no metemos a José en uno de tus ataúdes y lo mandamos a otro estado?

GATILLO: Un ataúd... lo meteré en un ataúd. Yo estuve enamorado alguna vez, así que sé por lo que están pasando Anito y Pay.

PAY: ¿Tu estuviste enamorado?

GATILLO: Sí, estaba adherido a una chica que trabajaba en una fábrica de pegamento. Tenía un cutis de niña de escuela... con diplomas pegados a sus ojos. Sus labios eran como pétalos... más bien como pedales de bicicleta. Aquellos labios... aquellos dientes... aquel cabello... aquel ojo...

ANITO: Oigan, aquí viene José Plata. Saca el ataúd Gatillo.

PAY: Papá, acuéstate en la cama y actúa como si estuvieras muerto.

NARRADOR: Samuel se acuesta sobre la cama y sostiene el aliento. Gatillo le quita los zapatos y entonces todos sostienen el aliento... En esta escena sin aliento, les traemos las llamadas de policía diarias. Llamando a la patrulla 15, llamando a la patrulla 15. Feliz cumpleaños patrulla 15, ahora eres la patrulla 16. Patrulla 56, patrulla 56, apresúrate al Circo de los Hermanos Pérez. La mujer gorda tiene fiebre y está llorando tanto que tres enanos están a punto de ahogarse. Patrulla 23, patrulla 23, regresen el sombrero de 10 galones que compraron para el alguacil, tiene una cabeza de 11 galones. Patrulla 19, ve a la esquina de la calle Sexta y la Principal... el cocinero chino ha cometido suicidio siguiendo su propia receta... regresamos con nuestra historia. José Plata entra al cuarto de Samuel mientras los demás se esconden.

JOSÉ: Finalmente te agarro canalla. Has cortado mi cheque tantas veces que lo tengo que endosar con mercurocromo. Quiero casarme con tu hija, Samuel, y nadie me va a detener. Claro que soy fuerte... Me han enviado tantas veces al río que hasta tengo mis admiradores entre los salmones. La última vez que me agarraron me dieron 10 años de cárcel y dos en la silla eléctrica. Aún cuando era un bebé la gente me achacaba las cosas que hice. Ahora, te voy a agarrar a ti.

SAMUEL: ¡Agárralo Anito!

GATILLO: ¡Apúrate! Tengo el ataúd abierto. ¡Empújalo Anito!

JOSÉ: ¡Auxilio, auxilio! Me estás empujando. (Sonidos de José atrapado)

GATILLO: Eso es todo. Ahora tengo que correr por un cuerpo. Un amigo en el pueblo se tragó un cuarto de barniz y murió. Pero tuvo un acabado precioso.

ANITO: ¿Cómo podemos agradecerte? ¿Vendrás a la boda o no?

GATILLO: Claro, planeo regalarles una lápida.

SAMUEL: Gracias Gati... por cierto, pasa a visitarme y jugaremos golf algún día.

GATILLO: Jamás juegues golf con un enterrador... siempre está arriba en el último hoyo.

ANITO: Ahora estamos solos, Pay mi amor. Algún día tendrás mi apellido.

PAY: Nunca he averiguado, ¿cuál es tu apellido Anito?

ANITO: Mi nombre es Anito Queso.

PAY: Qué bonito nombre tendré... Señora Pay de Queso.

NARRADOR: Y mientras el sol se oculta lentamente en el oeste, dejamos a los amantes planeando su futuro. Sintonízanos mañana para una nueva aventura que llega a ustedes gracias a nuestros patrocinadores de Sangritas, el cereal para las cabras viejas. Sangritas contiene 56% hierro, 22% cobre, 78% acero, 14% bronce y 11% zinc. No suena, no hace pop, no es crujiente; solamente se queda ahí hasta que se oxida. Sangritas no es el desayuno para campeones... es para personas que solo quieren llegar a las semifinales. Para terminar, visita tu tienda local más barata, donde tendrán una venta monstruosa. ¿Que no has deseado tener tu propio monstruo? Tenemos vampiros a precios especiales. ¡Y son excelentes para curar sangre cansada! Estos son vampiros experimentados que han trabajado como cajeros en los bancos de sangre. Ahora… sintonízanos mañana para el primer episodio de la nueva historia, «Yo era un adolescente soltero», que llega hasta ustedes gracias a la revista de jardineros, Selecciones de Hierbas.

FIN

¿QUIÉN ESTÁ EN PRIMERA?

PERSONAJES
Locutor de deportes y el director del equipo de baseball disfrazados apropiadamente.

LOCUTOR: Entiendo que usted solía ser el entrenador de un equipo de baseball.

DIRECTOR: Sí, así es. Era un muy buen equipo en realidad.

LOCUTOR: ¿Eran sus jugadores lo suficientemente buenos para llegar a las grandes ligas?

DIRECTOR: Bueno, sí.

LOCUTOR: Oiga, por qué no nos dice algunos de sus nombres, quizás algún día sean famosos.

DIRECTOR: Está bien. Veamos, en las bases tenemos... Quién en la primera, Cuál en la segunda y No lo Sé en la tercera.

LOCUTOR: Espere un momento. ¿Usted es el director del equipo o no?

DIRECTOR: Sí.

LOCUTOR: ¿Y no debe usted saber todos los nombres?

DIRECTOR: Por supuesto...

LOCUTOR: Está bien, entonces, ¿podría decirme el nombre del hombre en primera base?

DIRECTOR: Quién.

LOCUTOR: El hombre en la primera

DIRECTOR: Quién.

LOCUTOR: ¡El hombre en la PRIMERA BASE!

DIRECTOR: Quién está en la primera base

LOCUTOR: Yo soy el que le estoy preguntando a usted quién está en la primera base.

DIRECTOR: Así se llama el hombre.

LOCUTOR: ¿Ese es el nombre de quién?

DIRECTOR: Sí.

LOCUTOR: Mire, todo lo que quiero saber es: ¿Cuál es el hombre en la primera base?

DIRECTOR: No, no. Cuál, esta en segunda.

LOCUTOR: ¿Quién está en la segunda?

DIRECTOR: Quién está en la primera.

LOCUTOR: Yo no sé.

DIRECTOR: Él está en la tercera.

LOCUTOR: ¿Tercera base? Mire, ¿cómo llegamos a la tercera base?

DIRECTOR: Bueno, usted mencionó el nombre del hombre.

LOCUTOR: ¿El nombre de quién?

DIRECTOR: No, Quién está en la primera.

LOCUTOR: ¡Yo no sé!

DIRECTOR: Él esta en la tercera.

LOCUTOR: Oiga, si mencioné el nombre del tipo, ¿quién dije que estaba en la tercera?

DIRECTOR: Quién está en la primera

LOCUTOR: Yo le estoy preguntando, ¿quién está en la primera?

DIRECTOR: Quién está en la primera

LOCUTOR: Quiero saber cuál es el nombre del hombre que está en la tercera base.

DIRECTOR: No, Cuál está en la segunda.

LOCUTOR: ¿Quién está en la segunda?

DIRECTOR: Quién esta en la primera

LOCUTOR: ¡YO NO SÉ!

DIRECTOR: Tercera base

LOCUTOR: Está bien. Solamente olvide a los jugadores dentro del campo. Vayamos a los que están fuera del campo. ¿Tiene a un jugador de campo izquierdo?

DIRECTOR: Claro que tengo un jugador de campo izquierdo.

LOCUTOR: ¿Cuál es su nombre?

DIRECTOR: Por qué.

LOCUTOR: Bueno, pensé en preguntar.

DIRECTOR: Bueno, pensé en decirle.

LOCUTOR: Entonces dígame, ¿cuál es el nombre del jugador de la izquierda?

DIRECTOR: Cuál está en segunda.

LOCUTOR: ¿Quién está en segunda?

DIRECTOR: Quién está en primera

LOCUTOR: ¡YO NO SÉ!

AMBOS: Tercera base

LOCUTOR: Comencemos de nuevo. ¿El nombre del jugador de la izquierda?

DIRECTOR: Por qué.

LOCUTOR: Nada más.

DIRECTOR: ¡Oh, él es el del centro!

LOCUTOR: (Exasperado) Mire, vamos de nuevo al campo. ¿Les paga algo a sus jugadores?

DIRECTOR: De hecho sí. Les damos algo para los uniformes, etcétera.

LOCUTOR: Está bien. Mire, es día de pago y todos los jugadores están alineados para recibir su pago. El hombre de la primera base está parado al frente de la línea. Estira la mano para aceptar su dinero. Ahora bien, ¿quién obtiene el dinero?

DIRECTOR: Exactamente.

LOCUTOR: Así que, ¿quién obtiene el dinero?

DIRECTOR: Sí, claro. ¿Por qué no? Se lo merece.

LOCUTOR: ¿Quién?

DIRECTOR: Definitivamente. A veces aun su mamá recibe el dinero por él.

LOCUTOR: ¿La mamá de quién?

DIRECTOR: Sí.

LOCUTOR: Mire, lo único que estoy tratando de averiguar es cuál nombre tiene el hombre de la primera base.

DIRECTOR: Cuál esta en segunda.

LOCUTOR: ¿Quién está en segunda?

DIRECTOR: Quién está en primera.

LOCUTOR: Yo no sé.

DIRECTOR: Tercera base.

LOCUTOR: Está bien, está bien. Déjeme intentar de nuevo. ¿Tiene un lanzador?

DIRECTOR: Claro que tenemos un lanzador. ¿Qué clase de equipo sería si no tuviéramos un lanzador?

LOCUTOR: ¿Cuál es el nombre del lanzador?

DIRECTOR: Mañana.

LOCUTOR: ¿A qué hora?

DIRECTOR: ¿A qué hora qué?

LOCUTOR: ¿A qué hora mañana me va a decir quién es el lanzador?

DIRECTOR: ¿Cuántas veces tengo que decirle? Quién está en primera.

LOCUTOR: Usted me dice «Quién está en primera» una vez más y le rompo el brazo. Quiero saber cuál nombre tiene su lanzador.

DIRECTOR: Cuál está en segunda.

LOCUTOR: ¿Quién en segunda?

DIRECTOR: Quién en primera

LOCUTOR: Yo no sé

DIRECTOR: Él está en tercera.

LOCUTOR: ¿El nombre del receptor?

DIRECTOR: Hoy

LOCUTOR: Hoy. Mañana. ¿Qué clase de equipo es este? Está bien. Déjeme representar un juego hipotético. Mañana está lanzando. Hoy es el receptor. Yo estoy bateando. Mañana me lanza y mando la bola por la línea de primera base. Hoy, siendo un buen receptor, corre a la primera base, toma la bola y la avienta al hombre de la primera base. Ahora, cuando avienta la bola al hombre de la primera base, ¿quién obtiene la bola?

DIRECTOR: Es lo primero que usted dice en toda la noche que está bien.

LOCUTOR: No sé ni de lo que estoy hablando. Mire, si lanza la bola a la primera, alguien tiene que atraparla. Así que, ¿quién atrapa la bola?

DIRECTOR: Naturalmente.

LOCUTOR: ¿Quién la atrapa?

DIRECTOR: Naturalmente.

LOCUTOR: Ohhhh. Hoy levanta la bola y la lanza a Naturalmente.

DIRECTOR: No hace nada por el estilo. Él avienta la bola a Quién

LOCUTOR: Naturalmente.

DIRECTOR: Correcto.

LOCUTOR: Yo no soy quien dice esto. Usted lo dice.

DIRECTOR: Él toma la bola y la avienta a Quién.

LOCUTOR: Naturalmente.

DIRECTOR: Eso es lo que estoy diciendo.

LOCUTOR: Mire. Las bases están llenas. Alguien va a batear y pega una línea directa, ¿a Quién? ... ¿Quién avienta a Cuál? ¿Cuál le tira a Yo No Sé? ¡Es una triple jugada! El siguiente bateador se levanta y le pega una bola larga ¿Por qué? ... ¡Yo no Sé! ¿Quién está en tercera o Cuál está en segunda? ¡A mí me importa un comino!

DIRECTOR: ¿Qué dijo?

LOCUTOR: ¡Le dije que me importa un comino!

DIRECTOR: Oiga, ¡ese es nuestro parador de bolas cortas!

FIN

MELODRAMAS ESPONTÁNEOS

MELODRAMAS ESPONTÁNEOS

¿Actuales? Definitivamente. ¿Chistosos? Te lo aseguro. Pero estos dramas no ensayados, no melodramáticos, pueden gustar mucho. Si tus actores están dispuestos a sobreactuar al máximo —estimulados con sonidos, gemidos, porras y abucheos del público— entonces terminarán con estruendosos aplausos. Comenzaremos con una explicación de esta selección de melodramas espontáneos, lo que son y cómo representarlos para lograr su mayor eficacia.

¿Qué son los melodramas espontáneos?

Son formas emocionantes y creativas para hacer que los estudiantes se muevan, aprendan y rían... especialmente si el melodrama espontáneo es una historia bíblica. Jamás hemos escuchado a los jóvenes quejarse (diciendo: «¡Qué aburrido!») después de hacer melodramas como estos con ellos.

Dicho de forma simple, un melodrama espontáneo es una lectura narrativa humorística, durante la cual los actores dramatizan la acción de la narrativa... con exageración melodramática y ahí mismo, sin ensayos. Puedes hacer algo así: Pide a un número de jóvenes que pasen al frente, asígnales sus papeles —animados o inanimados— e instrúyelos a representar lo que tú leas. Si lees que los árboles se movían violentamente con vientos de gran fuerza, entonces los estudiantes que son árboles harán lo posible por moverse con mucha fuerza. Si se dice que el protagonista lloró a chorros, el actor estudiante llorará fuertemente —y mientras más melodramática la cosa, mejor.

Este tipo de sobreactuación no les dará puntos con su maestro o instructor de teatro de la escuela, pero es divertidísimo ver payasadas. Además, esto hace que la reunión, el evento o la lección Bíblica sea recordada. Lleva estos melodramas espontáneos a retiros. Úsalos los sábados por la noche. Utilízalos los domingos en la mañana. Que presenten un anuncio, una fiesta o una lección bíblica.

Aquí hay algunas cosas que se deben recordar cuando se hacen los melodramas espontáneos con tu grupo de jóvenes:

• Agrega algo de planeación a la espontaneidad.

«¿Planear espontaneidad?» Bueno, sí, más o menos. La poca preparación es un control de calidad para tu producción espontánea. En realidad, al principio de cada guión existen ideas que son sugerencias que hemos encontrado útiles para representar el melodrama.

El tiempo de tu lectura y los actores lo son todo. Acerca del tiempo: el humor puede dar un giro totalmente distinto (o decaer por completo) con un tiempo y lectura diferente de cada línea. Así que asegurarte de leer el melodrama al menos una vez, buscando lugares en el guión donde se requiere de tu atención en particular... donde puedas decir la oración completa o mejor dividirla.

Con respecto a los actores, selecciona jóvenes con ciertas personalidades que puedan actuar un papel. Algunas sugerencias generales son implícitas en la lista de personajes al principio de cada guión. Solo ten cuidado y utiliza discernimiento: no pondrás a un joven con un problema de sobrepeso actuando como una ballena.

- **Recuerda tus pausas y tus entradas.**
Cuando la línea que leas requiera acción, has una pausa lo suficientemente larga para permitir que tus actores actúen. No necesitas correr y decir el guión rápido. ¡Tómate tu tiempo!
- **Adapta los guiones.** Si el guión tiene diez personajes y solo tienes cinco actores, rescríbelo. Que los jóvenes hagan más de un papel. ¿No hay suficientes hombres en tu grupo para el melodrama? Utiliza mujeres. Altera los guiones como mejor se acomode a tu grupo. Date el permiso de hacer lo que quieras con la narración ya que en un melodrama espontáneo la narración es tan importante como lo es la actuación.

Sazona tu lectura con comentarios y frases de relleno. Por ejemplo, si tu actor no actúa una línea con el entusiasmo suficiente, di algo así como: «Y ya que Corazón Verdadero dijo sus palabras tan apáticamente, el público lo abucheó hasta que habló con convicción y entusiasmo». ¿Todavía a su actuación le falta algo? Entonces añade: «Finalmente, con el público silencioso como la nieve, Corazón Verdadero gritó las palabras como si todo el mundo las pudiera escuchar».

O si esta o aquella acción o gesto es un gran éxito, capitalízalo añadiendo: «Y siguió danzando en círculos hasta que el público contó hasta cinco».

O si tu banca o barco se ríe, di algo así: «Y entonces el árbol saltó detrás del arbusto y cubrió la boca de Janet para que el público pudiera oír el resto de este melodrama». Te queda clara la idea ¿verdad?

- **Hazlo en grande.** Cuanto más grande, amplia y exagerada sea la acción, mejor. Que tus jóvenes piensen en grandes caídas, caretas de goma, movimientos exagerados y fuertes, y grandiosas exclamaciones. ¡Anima a tus estudiantes a que lo hagan todo! Se divertirán más haciéndolo... y todos se entretendrán viéndolo.
- **Ten cuidado.** Algunos de estos melodramas no son delicados. Lo admitimos: de vez en cuando en estos guiones encontrarás casos aislados y no frecuentes de personas que se escarban la nariz, sonidos de manos bajo el sobaco y —debemos decirlo— libertad creativa con las historias bíblicas. Por otro lado, no se requiere de un erudito para concluir que estos no delicados melodramas espontáneos probablemente no son apropiados para el servicio de adoración del domingo por la mañana. Así que cambia lo que debes de cambiar para las necesidades de tu grupo; ya sabes, de acuerdo a las pautas escritas y no escritas con relación al buen gusto de tu iglesia o de tu grupo de jóvenes.

Además, estos son guiones de acción. No hay nada sutil aquí. Así que tendrás que arreglar el salón para permitir que la acción tome lugar —especialmente cuando el público toma una parte activa en muchos de los guiones. Después de todo, tu meta es incluir al mayor número de gente posible. Y cuando haces un melodrama espontáneo, quizás tendrás que advertirles a las personas que utilizan los salones junto al tuyo: va a haber bullicio.

Quizás ya estén acostumbrados.

Adaptado de Melodramas Espontáneos: 24 Dramas Que Hacen que las Historias Bíblicas Tengan Vida por Doug Fields, Laurie Polich y Duffy Robbins. Derechos Reservados 1996 por Especialidades Juveniles

◆ ◆ ◆

LA PARÁBOLA DEL BUEN SAMARITANO

Este melodrama espontáneo, basado en Lucas 10:30-36, se encuentra en la página 31. Sigue las indicaciones de este melodrama para rescribir casi cualquier historia bíblica y hacer un melodrama espontáneo como este. *Barry Kolanowski*

EL RICO TONTO

Basado en la parábola de Lucas 12:16-21, este melodrama espontáneo no solo es divertido de ver, sino que puede comenzar una discusión acerca del materialismo, consumismo, posesiones, etc. Explora el tema con tus estudiantes con preguntas como:

- ¿Qué tan importante es para ti y para tus amigos de la escuela tener las cosas o las posesiones «correctas»?
- ¿Por qué piensas que nuestra sociedad está tan centrada en las cosas?
- ¿Qué prioridad le has dado últimamente a seguir primeramente el reino de Dios?
- Describe algunas de las dificultades que enfrentas al guardar tesoros en el cielo y guardar tesoros en la tierra.
- Dame ideas que te puedan ayudar a ser rico para Dios. Haz una lista con estas ideas.
- Escoge una idea de la lista que intentarás hacer en esta semana para escapar de la trampa del materialismo.

Este guión comienza en la página 32.

LA PARÁBOLA DEL
Buen Samaritano

PERSONAJES
• Narrador • Viajero • 3 Pistoleros • Sacerdote • Levita • Samaritano

---

NARRADOR: Un día un viajero piadoso paseaba tarareando, pensando que todo estaba bien. De pronto de las rocas le brincaron tres de los pistoleros más malos que hayas visto en tu vida. Tenían ojos pequeños y rechinaban los dientes. Comenzaron a golpear al viajero, después dos de ellos, al mismo tiempo, lo tomaron de los brazos mientras que el otro lo golpeaba. Cuando la acción parecía congelarse, el viajero recordó y se dijo a sí mismo, «¡Yo sé Kung Fu!» Y se soltó y comenzó a pelear. Pero los pistoleros lo tiraron al suelo. Mientras caía al suelo (*la probabilidad es que ya esté en el suelo… pero repite las palabras «Pero mientras caía al suelo» hasta que se levante*) dejó salir un gemido terrible seguido por un profundo gruñido. Los ladrones tomaron su dinero y se fueron, gritando y saltando de gozo.

Mientras estaba en el suelo quejándose, llegó un sacerdote, quien, al ver al hombre, se sorprendido y pasó alrededor de él diciendo: «Estoy asombrado pero se lo merecía por viajar solo».

Después llegó un levita, y el hombre seguía quejándose. Cuando el levita lo vio y lo escuchó, corrió al lado del hombre y dijo: «¡Dios mío, Dios mío, qué pena!» Y comenzó a ayudar al hombre a levantarse, pero después se dio cuenta de la hora y lo tiró. El hombre dio un grito. El levita dijo: «Voy a llegar tarde a la alabanza en la sinagoga… no debo dejar que ningún hombre se anteponga a Dios». Y se fue.

Y finalmente llegó un samaritano que al ver al hombre fue movido a compasión y le vendó sus heridas, más tarde lo ayudó a levantarse y le acercó una piedra para que el viajero se sentara ahí. Y después de mucho esfuerzo, lo levantó y lo cargó hasta el pueblo.

FIN

El Rico Tonto

PERSONAJES
• **Narrador** • **El hombre rico** • **Granero (dos personas)** • **Madera nueva del granero (2 personas más)**
• **La cosecha (2 personas)** • **Sillón reclinable (1 persona)** • **Trabajadores (2 personas grandes y fuertes)** • **Dios**

NARRADOR: Jesús dijo esta parábola (bueno, su parábola fue algo parecido a esto): Había un hombre rico que salió a sus campos un día para ver su cosecha. Estaba muy orgulloso de su cosecha. Podías ver lo orgulloso que se sentía de ella porque la miraba con amor. Él solía tocarla. Solía oler su cosecha... aunque era alérgico a la misma. Así que cuando la olía, estornudaba sobre ella. Esto hacía que la cosecha se moviera de un lado al otro. Mientras la veía mover, estornudaba y decía: «¡Qué gran cosecha!» Después decía: «Pero, qué debo hacer? ¡Mi granero es demasiado pequeño para mi cosecha!»

Desilusionado, caminó hacia el granero y lo pateó... lo que ocasionó que su pie fuera lastimado. Brincó con un pie lleno de dolor y con cara de angustia. Después dijo: «Ya sé... voy a contratar a algunos hombres para que derriben este viejo granero y voy a construir uno más grande».

Así que eso es lo que hizo. Los trabajadores llegaron y trataron de derribar el viejo granero. Pero el mismo era muy fuerte y resistió. No importó qué tan duro trataran los trabajadores de derribarlo, el granero permanecía firme. Aun así los hombres finalmente lo lograron; el granero tuvo que ceder a los esfuerzos de los trabajadores. El viejo edificio cayó... encima de los obreros. Después de una gran lucha, sin embargo, los trabajadores lograron salir de las ruinas del viejo granero.

Luego los obreros trajeron madera nueva para hacer un granero más grande. Pero se les acabó la nueva madera... así que utilizaron la del viejo edificio para terminar el nuevo y más grande granero. El único problema fue que la madera del granero viejo pesaba mucho, y era muy difícil ponerla en su lugar.

Una vez que el nuevo edificio estuvo terminado, el hombre rico dijo a sus trabajadores: «Oigan muchachos, qué bonito granero». Después dijo: «¿Por qué no me ayudan a meter mi cosecha?»

«¡Lo haremos!», dijeron los trabajadores.

«¡Grandioso!», dijo el hombre rico. «Por aquí muchachos». El hombre rico se volteó y brincó con un pie hacia el campo. Los trabajadores siguieron al hombre rico también en un pie. Cuando llegaron al campo, el hombre rico les mostró su hermosa cosecha. Les dijo que la tocaran. Les dijo que la olieran. Los trabajadores también eran

---

Se concede el permiso para fotocopiar esta página para tu propio grupo de jóvenes — *Derechos de Especialidades Juveniles, 300 S. Pierce, El Cajon, CA 92020*

alérgicos a la cosecha, también estornudaron sobre ella. La cosecha se movió con el viento.

«Bueno muchachos», dijo el hombre rico. «Tomen mi cosecha y colóquenla en el granero». Así que los obreros tomaron la cosecha y la llevaron al granero, estornudando todo el camino y provocando que la cosecha se moviera de un lado al otro, lo que hizo que fuera muy difícil llevarla.

Una vez que la cosecha estaba segura en el granero y los trabajadores se habían ido a casa a descansar (estornudando todo el camino), el hombre rico se dijo a sí mismo: «Ahora tengo muchas cosas buenas. Estas cosas me durarán por muchos años. Puedo llevar una vida más fácil. Comeré, beberé y estaré muy gozoso».

Diciendo eso, se sentó en su sillón reclinable. Pero por alguna razón el sillón estaba muy frágil. El hombre rico trató de acomodarse, pero no podía. De pronto el sillón se derrumbó por el peso del hombre. Se golpeó la cabeza en el suelo y se desmayó.

En un sueño vio a Dios parado sobre él diciendo: «Oye tú, hombre rico. Eres un tonto. Esta noche vas a morir. Entonces, ¿quién se va a quedar con todo lo que es tuyo?»

A la mañana siguiente los trabajadores iban estornudando por el camino hacia su trabajo y encontraron al hombre muerto. Se quedaron con la boca abierta. Estornudaron. Lo cargaron al granero y lo echaron ahí junto con la cosecha.

¿La moraleja de esta historia? Está en Lucas 12:21: «Así será con cualquiera que acumula cosas para sí mismo pero no es generoso con Dios».

FIN

UNA EXCURSIÓN EN EL LAGO

No es necesario ensayar para este drama en el cual el público participa. El papel del narrador comienza en la página 35. Está basado en Marcos 4:35-41, donde se describe la excursión en el Mar de Galilea durante la cual Jesús dormía en medio de la tormenta. Este drama es un trampolín efectivo para un estudio sobre el pasaje de Marcos o para una discusión temática sobre las presiones de un adolescente.
Molly Halter

LA PARÁBOLA DEL GRAN BANQUETE

Este melodrama espontáneo es un recuento divertido de la parábola de Cristo en Lucas 14:16-24. Escoge a personas chistosas dentro de tu grupo que puedan representar estos personajes en forma extravagante, especialmente al Gran Hombre. Si es posible, dale el guión (el cuál comienza en la página 37) al narrador antes de la actuación para que él o ella pueda leerlo un par de veces y así obtenga el ritmo perfecto.
Kathryn L. Zucker

PELIGROS DEL PRÓDIGO

Este melodrama espontáneo es en realidad la parábola del hijo pródigo. Recuerda... ¡mientras más exagerada es la actuación, más efectivo es el drama! El guión se encuentra en la página 39. *Mark Frost*

DOS HOMBRES CIEGOS

He aquí un recuento gracioso de Mateo 20:29-34. Asegúrate de que tu público interactúe con tus actores espontáneos con vítores, aclamaciones, chiflidos y abucheos. El guión se encuentra en la página 42.
Bill Splawn

UNA EXCURSIÓN EN EL LAGO

Un melodrama espontáneo

PERSONAJES
- Narrador • Discípulos (12 personas) • Jesús • Barco (8-12 personas) • Vela
- Almohada • Viento (4-5 personas) • Olas (4-5 personas)

NARRADOR: Jesús y sus discípulos habían pasado un largo día de enseñanza y predicación junto al lago, y había llegado la noche. Jesús dijo a sus discípulos: «Vamos a pasar al otro lado del río para buscar un McDonald's». Con gran entusiasmo todos dijeron: «¡Genial!», y movieron rápidamente sus cabezas diciendo que sí. Estaban tan extremadamente cansados que se sostenían unos encima de otros para mantenerse de pie. Todos se subieron al barco.

Jesús también estaba cansado, claro. Él subió al barco, caminó directamente a la parte de atrás, recostó su cabeza sobre la almohada e inmediatamente comenzó a roncar.

El pequeño barco pesquero se alejó de la orilla meciéndose gentilmente sobre las aguas quietas del lago de Galilea. Mientras Jesús roncaba los discípulos se recostaron en las orillas del barco, riéndose y platicando. El viento soplaba suavemente sobre el lago, y la vela del barco seguía gentilmente la dirección de las pequeñas brisas. Las olas dulcemente golpeaban los lados del barco.

Y todos pensaban en una Big Mac, papas fritas y malteadas de chocolate para llevar.

De la nada llegó una ráfaga furiosa. (En este punto el narrador le pedirá al público que hagan ruido con los pies y aplaudan para proveer los efectos especiales de la tormenta.) Las olas golpeaban las orillas del barco. La vela se mecía dando vueltas sobre el mástil, golpeando a los discípulos en la cabeza. El viento y las olas mecían al barco fuertemente, sus ocupantes eran lanzados primero a un lado del barco y después al otro. Y aun así la vela daba vueltas golpeando a más discípulos. El barco continuó meciéndose duramente... y también los discípulos, recargándose sobre las orillas de la embarcación. La cosa se puso fea.

Finalmente, con desesperación, uno de los discípulos se recobró lo suficiente, tomó la vela, y se agarró fuertemente de ella para que dejara de dar vueltas y de golpear a la gente en la cabeza. Aunque estaba muy mareado, se agarró firmemente de la vela. La pobre vela era un desastre.

Sin embargo, en la parte de atrás del barco, el alboroto provocó en Jesús un sueño más profundo... produciendo ronquidos más fuertes. La almohada se mecía también, claro está pero ella no roncaba.

Los discípulos se amontonaban salvajemente unos encima de otros con desesperación. Algunos comenzaron a llorar. Otros se gritaban preguntas como «¿Dónde está Jesús?» «¿Acaso no puede ayudarnos?» «¿Qué rayos está haciendo?»

Así que sobre sus rodillas y manos gatearon hacia la parte de atrás del barco y rodearon a Jesús, el cuál seguía dormido pacíficamente, roncando, meciéndose gentilmente y con su cabeza sobre la almohada.

Los discípulos le gritaron a Jesús: «¡Maestro! ¿No te importa que nos ahoguemos?» Volvieron a gritar al unísono esta vez, ya que la primera no lo hicieron tan bien.

Finalmente, Jesús se volteó, se sentó sobre la almohada, bostezó y se restregó los ojos. «¿Qué pasó?», les preguntó soñoliento.

Solo le tomó un momento para entender la desesperante situación, así que se paró y caminó en medio del barco. De esta manera podía tener una mejor idea de todo: los discípulos estresados, el barco meciéndose, la vela que golpeaba por todos lados, las olas que chocaban con fuerza contra el barco y el viento violento. Él estiró sus brazos y clamó a gran voz: «¡Olas! ¡Estense quietas!»

Inmediatamente, las olas se disiparon fuera del barco en la misma cara de ellos, manteniéndose quietas como toda buena ola debe hacerlo. Después Jesús gritó de nuevo: «¡Viento! ¡Cálmate!»

Y en el instante el viento se calmó, acostándose sobre las olas como un buen viento debe hacer.

El barco dejó de mecerse, la vela dejó de dar vueltas, y todo estaba calmado, quieto y apacible. Jesús vio todo, miró al viento, las olas, el barco, la vela y la almohada... aun a los discípulos. Miró a los discípulos por mucho tiempo. Primero a uno, después a otro... a todos ellos, uno a uno.

Finalmente les dijo con suavidad: «¿Por qué tienen tanto miedo? ¿Es qué todavía no tienen fe?»

Los discípulos, aún aterrorizados y abrazados todos juntos, se dijeron unos a otros: «¿Quién es este hombre? ¡Incluso el viento y las olas le obedecen!»

Pero luego los discípulos dieron todos un enorme y fuerte respiro de alivio. Uno muy largo y fuerte. A continuación todos brincaron y abrazaron a Jesús y le agradecieron. Todos al mismo tiempo. Un gran abrazo de grupo. Y el pequeño barco pesquero navegó calmadamente al otro lado del lago, navegó felizmente tocando el viento.

Cuando llegaron a tierra, los discípulos salieron del barco sanos y salvos, y decidieron no ir a McDonald's después de todo, sino a comer sandwiches en Subway.

FIN

LA PARÁBOLA DEL
Gran Banquete

PERSONAJES
• Narrador • Gran Hombre • Perro Confiable • Primer sirviente
• Segundo sirviente •Tercer sirviente • Fiona Granjera • José, el viejo vendedor de bueyes • Novio

NARRADOR: Esta es la historia de Gran Hombre. Él caminaba orgulloso con su pecho erguido, frecuentemente golpeándolo con placer. Lo seguía de cerca su Perro Confiable. Gran Hombre accidentalmente pisó a Perro Confiable. Estaba muy aburrido y daba vueltas en su gran casa tratando de decidir qué hacer. Se alisaba la barba, se tocaba la frente y de nuevo pisó al perro.

«¡Lo tengo!», exclamó brincando. «Prepararé una gran fiesta e invitaré a mucha gente. ¡Sí!» Gran Hombre saltaba mientras cerraba el puño y estiraba la mano en el aire, acarició a Perro Confiable en la cabeza y accidentalmente lo pisó. Perro Confiable mordió a Gran Hombre.

«¡Debo encontrar a mis sirvientes!», gritó Gran Hombre. Inmediatamente tres sirvientes corrieron hasta su presencia y cada uno pisó a Perro Confiable. Perro Confiable gruñó y una vez más decidió morder a Gran Hombre en la pierna... pero no lo hizo.

«¿Llamó usted?», los tres sirvientes preguntaron.

«Así es», respondió Gran Hombre. «He preparado un gran banquete. Ustedes deben avisarles a mis invitados que todo está listo».

«Como usted ordene», respondió el primer sirviente.

«Como usted desee», respondió el segundo sirviente.

«Sí, señor», respondió el tercer sirviente.

Y se fueron brincando por el reino, buscando a los invitados de Gran Hombre. Estaban contentos saltando, tarareando una canción, cuando el primer sirviente vio a Fiona Granjera.

(Con un fuerte acento norteño)
«¿Cómo está Fiona Granjera?», dijo el primer sirviente, «ya es hora de ir al Gran Banquete».

«Lo siento», suspiro Fiona Granjera, «pero acabo de comprar un terreno y debo ir a verlo. ¡Nos vemos!» Fiona Granjera se fue cantando tan fuerte como podía.

Una vez más los tres sirvientes brincaron alrededor del pueblo buscando a los invitados de Gran Hombre. De pronto el segundo sirviente se tropezó con algo en el camino. Miraron hacia abajo, y quién podía ser sino José, el viejo vendedor de bueyes. José se puso de pie, se sacudió y empujó al segundo sirviente. El segundo sirviente iba a empujar a José, el viejo vendedor de bueyes... pero en el último segundo no lo hizo.

«José, viejo vendedor de bueyes», dijo el segundo sirviente. «Es tiempo para el Gran Banquete».

«Ah», suspiró José. «No puedo, estoy llevando mis bueyes a una prueba de carreras hoy». Haciendo una danza con los pies, José, el viejo vendedor de bueyes se fue.

Los tres sirvientes continuaron brincando cuando el tercer sirviente, el cuál era muy sensible, comenzó a sollozar. «Debe de haber una boda por aquí», dijo suspirando el tercer sirviente. «No puedo dejar de llorar».

Entonces el novio, alto y guapo, llegó hasta el tercer sirviente y en un acento muy propio le preguntó: «¿Por qué estás lloriqueando en mi boda?»

«Estoy aquí para decirte que el Gran Banquete está listo», dijo el tercer sirviente mientras se sonaba la nariz en el saco del novio. El novio empujó al tercer sirviente. «No puedo ir al Gran Banquete. Me acabo de casar». El novio se fue orgulloso con la nariz en alto.

Los tres sirvientes estaban muy tristes. Arrastraban sus pies de regreso ante Gran Hombre. Mientras entraban al gran salón, el tercer sirviente accidentalmente pateó a Perro Confiable, quién gruñó y mordió a Gran Hombre, quién le pegó a Perro Confiable, quién lamió la mano del primer sirviente.

Gran Hombre estaba muy enojado cuando escuchó que nadie pudo asistir al Gran Banquete. Envió a los tres sirvientes por todo el pueblo diciéndoles que trajeran a los pobres, a los ciegos y a los cojos.

Después de hacer esto, los tres sirvientes se dieron cuenta que había todavía más lugar así que salieron por toda la tierra invitando a todos a la casa para que se llenara.

Gran hombre estaba muy complacido con esto. En voz alta dijo: «Les digo que ninguno de los que fue invitados probará mi banquete. Pero ustedes... ¡Coman! ¡Coman! ¡Beban más! ¡Disfruten!

FIN

Peligros del PRÓDIGO
Un melodrama espontáneo

PERSONAJES
- Padre sabio y amoroso • Lorenzo, el hijo fiel • Daniel, el hijo débil • Los amigos de parranda de Daniel: • Lisa Deliciosa
- Ana Sin Cerebro • Sandra Sexy • Enrique Guapo • Cerdos (al menos dos) • Trabajadores (representados por los amigos y los cerdos)

Había una vez un padre sabio y amoroso el cuál tenía dos hijos, Lorenzo y Daniel. (Solía tener otro hijo llamado Jorge, pero esa es otra historia.) Este padre sabio y amoroso era muy rico, y todo por ser el dueño de Jeans R Us en el centro comercial cercano. (Solía ser dueño de la tienda Gap también, pero esa es otra historia.)

El hijo mayor trabajaba duramente. Lorenzo iba a la tienda de su padre todos los días para sacar la nueva mercancía, operar la caja registradora y contestar el teléfono. El hijo menor del padre sabio y amoroso, por otro lado, estaba echado a perder. Daniel iba diario a la tienda también, pero solo para coquetear con las trabajadoras, burlarse de su hermano Lorenzo y «pedir prestado» de la caja registradora para comprar donas en el tiempo de receso. Pero cuando su padre llegaba a la tienda, Daniel comenzaba a trabajar como loco. El padre les daba palmaditas en la espalda a ambos hijos y decía: «¡Qué buenos hijos tengo!»

Un día Daniel fue a la oficina de su papá en el segundo piso del centro comercial. (La oficina de su papá solía estar en el tercer piso, pero esta es otra historia.) Daniel se puso de rodillas tomó la mano de su papá y le rogó: «Padre querido, cuando te mueras, ¿quién obtendrá tu dinero?»

«Lo dividiré entre tú y Lorenzo», dijo el padre. Daniel, mirando fríamente los ojos de su padre, dijo: «¿Podría tener mi parte ahora mismo? Quisiera comenzar mi propio negocio».

El padre lo miró como si estuviera a punto de llorar. «No estoy seguro hijo», le dijo.

Pero Daniel era persistente. Abrazó las rodillas de su padre y le rogó una y otra vez: «Por favor papi». Finalmente el padre accedió. Tomó su dinero y le dio la mitad a Daniel. La otra mitad se la dio a Lorenzo.

Daniel decidió abrir su propia sucursal de Jeans R Us en Los Ángeles. Así que tomó el avión (*el narrador tira un avión de papel para que Daniel lo agarre*) hacia la costa.

Cuando llegó ahí, se rascó la cabeza y pensó en voz alta: «Hay tiempo para trabajar después. Primero voy a ir a la playa». Así que se fue hacia el océano, deteniéndose primero para comprar un auto deportivo nuevecito *(el narrador rueda un carrito de juguete para que lo recoja Daniel)*. Cuando llegó a la playa, una muchacha muy hermosa vino hacia él. «Hola», le dijo, pasándose su cabello sobre su hombro. «Mi nombre es Lisa Deliciosa».

Lisa tomó su mano, la puso alrededor de su cintura, y llevó a Daniel a conocer a sus amigos Ana Sin Cerebro, Enrique Guapo y Sandra Sexy. Viendo a Daniel todos dijeron al unísono: «Oye amigo, vamos a hacer una fiesta».

Todos se subieron al carro de Daniel y comenzaron la celebración. Cada día los cuatro salían hasta altas horas de la noche. Daniel les compraba ropa, tragos y drogas.

Estaban tan felices que tomaron a Daniel y lo cargaron sobre sus hombros mientras cantaban: «Porque es un buen compañero, porque es un buen compañero, a Daniel le gustan las fiestas y nadie lo puede negar».

Un día mientras cargaban a Daniel sobre sus hombros, este dijo sonriendo: «¿Qué creen amigos? Ya no tengo dinero».

Lo dejaron caer como un mal hábito.

Ahora Daniel estaba solo, lejos de casa y en bancarrota. Se acostó con la cabeza sobre el suelo y haciendo un berrinche lloraba: «¿Qué hago? ¿Qué hago?»

Pronto se encontró dándole de comer a los cerdos de un granjero local. Los cerdos estaban sucios, hacían los sonidos nefastos característicos de estos animales. Daniel caminaba de un lado al otro entre los cerdos preguntándose en voz alta: «¿Cómo pude ser tan tonto?»

Un día una idea lo golpeó. Se pegó tan fuerte en la frente que se cayó de espaldas sobre uno de los cerdos, el cuál hizo sonidos de enojo. Pero eso no molestó a Daniel. Se levantó, miró a la distancia, y dijo: «Regresaré con mi padre. ¡Aun los empacadores de la tienda de mi papá están mejor que yo!» Daniel comenzó a danzar alrededor de los cerdos mientras los cerdos hacían sonidos de gusto.

A la mañana siguiente Daniel se levantó y comenzó el regreso a casa. No tenía dinero para irse en avión, así que pidió prestada una bicicleta de pedales. Cuando la bicicleta se rompió, pidió un aventón. Cuando la persona que lo ayudó lo dejó en algún lugar, compró una patineta y así se fue. Cuando las ruedas se le cayeron, comenzó a correr. Exhausto, caminó lentamente. Cuando finalmente vio el centro comercial cerca lo único que podía hacer era gatear hasta la tienda de su padre.

Mientras tanto, su padre estaba mirando hacia fuera del centro comercial con la esperanza de reconocer a su hijo en medio de todos los compradores. Así que cuando vio a Daniel brincó de alegría, dejó escapar un grito y danzó alrededor brincando y tocando sus talones en el aire. Luego corrió a encontrarse con su hijo.

Daniel abrazó violentamente los tobillos de su padre, llorando mientras él lo acariciaba en la cabeza. «Padre», dijo finalmente. «No soy digno de llamarme tu hijo. ¡Hazme uno de tus empacadores!»

El padre tomó la cara de Daniel tiernamente en sus manos y lo levanto. «¡Mi hijo ha vuelto a casa!», exclamó. Se abrazaron.

El padre de Daniel lo llevó a la tienda y le dio un par nuevo de jeans marca Guess, un par de tenis marca Nike y unos lentes obscuros marca Oakley. Después invitó a todos los empleados de la tienda para tomar helado de Baskin-Robbins con Daniel. Todos formaron un círculo alrededor de Daniel y tomados de las manos bailaron alrededor de él cantando: «Porque es un buen compañero».

Pero el padre dejó la fiesta pues alguien faltaba: Lorenzo. Encontró a Lorenzo haciendo pucheros fuera de Baskin-Robbins, sintiéndose mal, chupándose el dedo. Cuando el papá se acercó a Lorenzo, él gritó: «¡Tú no me amas! ¡Nunca me has amado! ¡Siempre has amado más a Daniel que a mí! ¡Tú nunca me compraste helado para mí y para mis amigos!» Entonces puso los dedos en sus orejas y le sacó la lengua a su papá haciendo la cara más fea que jamás hayas visto.

Estaba tan enojado que se cayó al suelo pateando y gritando.

El padre levantó a Lorenzo. «Hijo», le dijo, «todo lo mío siempre ha sido tuyo. Pero tenemos que estar contentos. ¡Mi hijo estaba perdido y ha sido encontrado!»

Después, el padre y sus dos hijos pasaron 600 años construyendo un arca... no, espera, esa es otra historia.

FIN

DOS HOMBRES CIEGOS

Un recuento de Mateo 20:29-34

PERSONAJES
• Dos hombres ciegos • Dos bancas • Cuatro o más personas para la multitud
• Jesús • Narrador • (Si hay más personas, aumenta una puerta, un árbol, una roca, etc.)

Dos hombres ciegos sentados en una banca cerca del camino tarareaban pensando que todo estaba muy bien, sin pena alguna. Uno tenía un espasmo en su mano izquierda que le causaba gran dolor. Su brazo derecho también se movía violentamente, golpeándolo con frecuencia en la frente.

El otro hombre ciego tenía una tos terrible. A veces la tos se convertía en una crisis de estornudos. También tenía un extraño espasmo en su cuello que lo hacía sacudir la cabeza como la de un pollo.

Una multitud emocionada que seguía a Jesús pasó frente a los dos hombres ciegos, y en la emoción de la gente accidentalmente tumbaron a ambos hombres de sus asientos, rompiendo las bancas. La gente siguió adelante dejando a los hombres con tos, espasmódicos y ciegos en el polvo. Pero después ambos hombres escucharon que Jesús estaba delante de ellos y gritaron juntos muchas veces: «¡JESÚS, HIJO DE DAVID, TEN MISERICORDIA!»

La multitud cubrió sus oídos. Se enojaron con los hombres ciegos y les gritaron: «¡CÁLLENSE! ¡NO PODEMOS ESCUCHAR A JESÚS!»

Pero aun así los hombres ciegos siguieron gritando: «¡JESÚS, HIJO DE DAVID, TEN MISERICORDIA!»

La multitud rechinó los dientes y torciendo los ojos se enojó todavía más. Gritaron: «¡Les dijimos que se callaran! ¡Hablan demasiado fuerte!» Su enojo era tal que golpearon y patearon a los hombres ciegos, arrojándolos de nuevo al polvo.

Aun así los dos siguieron gritando, quejándose: «¡JESÚS, HIJO DE DAVID, TEN MISERICORDIA!»

La multitud estaba tan enojada que tomaron los pedazos de las bancas rotas y se las aventaron a los hombres ciegos. A pesar de esto ambos siguieron gritando: «¡JESÚS, HIJO DE DAVID, TEN MISERICORDIA!»

Entonces Jesús entró en escena. De pronto la multitud se contagió con los espasmos en la mano izquierda, lo que les causó mucho dolor. Sus brazos derechos comenzaron a moverse violentamente, golpeándose en sus frentes. La multitud comenzó a toser, algunos a estornudar. Todas sus cabezas comenzaron a sacudirse como si fueran pollos.

La multitud se fue. Y Jesús sanó a los hombres ciegos... los cuales le siguieron fuera del escenario.

FIN

OBRAS
CON UN MENSAJE

OBRAS CON UN MENSAJE

No todos los dramas con un mensaje formal son serios... algunos de estos manuscritos envuelven temas serios en forma de bromas ligeras y acción. De cualquier forma, los dramas son un medio perfecto para obtener la atención de la gente y prepararlos para una reunión, una charla o un estudio bíblico.

ANUNCIOS COLGADOS

¿El tiempo de los anuncios es aburrido? Trata esto. Ten a la mano una cuerda que atraviese la habitación al frente y, en el momento apropiado, que un voluntario (vestido como viejita) entre con una canasta. Más tarde que cuelgue sus vestidos en la cuerda con los anuncios escritos en cada pieza de ropa. La idea es tomar por sorpresa a la audiencia. El voluntario(a) debe actuar verdaderamente como una viejita descuidada, dejando caer la ropa, sonándose la nariz sobre ellos, etc. *Steve Morgan*

EL TESTIMONIO DE LOS $64,000

Todos tendemos a utilizar clichés cuando describimos nuestra fe, como lo demuestra este drama (página 46). Existen muchas posibilidades de discusión aquí también. *Dean Nelson*

UN BUEN DÍA EN UNA INUNDACIÓN DESASTROSA

A menos que puedas conseguir una arca de 135 metros hecha de madera, la única utilería que necesitarás para este drama es una lata de Coca-Cola. El guión comienza en la página 49. *Frank Walker*

RIN RIN BÍBLICO

No tienes que ser un ministro ordenado para tener un llamado de Dios, esto es lo que este drama enseña. Puede ser representado con pocas cosas de utilería, sin embargo, mientras mejor sea la utilería, mayores serán las risas. Un Jonás realmente empapado y escurriendo es inmensamente efectivo. Encontrarás el guión en la página 52. *Kathryn L. Zucker*

EL TESTIMONIO DE LOS $64,000

PERSONAJES
- Narrador • Luis Sonrisas, anfitrión del programa • Juez Uno • Juez Dos
- Juez Tres • Juez Cuatro • 3 Concursantes • Adela Todocorazón
- Tía Ruth Varadorada • Javier Cancionics

NARRADOR: ¡Este es el Testimonio de los $64,000! Y con ustedes, el anfitrión del programa… ¡Luis Sonrisas!

LUIS SONRISAS: ¡Gracias, gracias! ¡Son demasiado amables! ¡Por favor, detengan esos aplausos! Gracias. ¡Tenemos un programa tremendo para ustedes con una competencia difícil! Vamos a ver qué tanto coinciden con nuestros jueces al calificar el testimonio de nuestro primer concursante. ¡Adela Todocorazón! Bienvenida al programa Adela. ¡Por favor acércate al micrófono y danos el mejor testimonio que tienes!

ADELA TODOCORAZÓN: Gracias Luis. Quiero decirles a todos que Jesús lo es todo en el mundo para mí. La vida con él es un gozo indecible y está llena de gloria, llena de gloria… oh sí, llena de gloria, sin embargo la mitad todavía no ha sido dicha. Jesús nunca falla. Qué amigo he tenido en Jesús, pues me ama tal y como soy.

LUIS SONRISAS: ¡Muchas gracias Adela! Veamos cómo responden nuestros jueces. Juez Uno, en una escala del 1 al 10, ¿cómo calificas a la señorita Todocorazón?

JUEZ UNO: Le doy un cuatro Luis. No es material nuevo. Evidentemente, nada original.

LUIS SONRISAS: Muchas gracias. ¿Juez Dos?

JUEZ DOS: Creo que las iglesias ya están hartas de clichés, Luis. Lo siento, pero le doy un dos.

LUIS SONRISAS: ¿Juez Tres? ¿La misma respuesta?

JUEZ TRES: No, le puse una calificación media. Tuvo un gran espíritu, pero muy poco contenido. Obtiene un cinco.

LUIS SONRISAS: ¿Y usted Juez Cuatro?

JUEZ CUATRO: No utilizó nada más que frases fuera de moda, pero al menos las comunicó en una forma muy sentida. Así que me gustó. Le di un ocho.

LUIS SONRISAS: Perfecto… ¡Ahora nuestro próximo concursante, Tía Ruth Varadorada!

El Testimonio de los $64.000 —2

TÍA RUTH VARADORADA: Acepté a Cristo cuando era una niña de cuatro años. En aquél tiempo me percaté de que mi pecado era darle lugar a Satanás. A los cuatro años y medio fui santificada completamente, quedando limpia para siempre de la depravación y del pecado original de Adán. Mi llamado para las misiones no llegó sino hasta que tenía ocho años de edad, terminando así los tres años y medio de tribulación y búsqueda. Le he servido sin parar y sin quejarme desde entonces. Yo sé que mi recompensa está en la vida venidera.

LUIS SONRISAS: ¡Gracias Tía Ruth! ¿Jueces?

JUEZ UNO: Su testimonio va más allá de mi rango de atención, Luis. Además, pudo haber utilizado un poco de más vigor. Le di un cuatro.

JUEZ DOS: Su teología es tan sólida como la de una esponja, Luis. Hizo referencia a temas sobre los cuáles simplemente no tiene las licencias apropiadas para tratarlos. ¿Santificada a la edad de cuatro años y medio? ¡Imposible! Mi hijo tiene 18 y dice que aún no ha llegado a la edad de pedirle cuentas de sus actos... y él siempre me dice la verdad. Habiendo dicho esto, le doy un tres a la Tía Ruth.

JUEZ TRES: Fue una historia misionera normal. Creo que hubiéramos podido terminar sus oraciones pues no tenía nada nuevo qué decir. Le di un cinco.

LUIS SONRISAS: ¿Y usted, Juez Cuatro?

JUEZ CUATRO: Yo creo que están siendo demasiado duros con ella si tenemos en cuenta que tiene alrededor de cincuenta años, no se ha casado y quizás está perdiendo el contacto con la realidad. Hizo un gran esfuerzo, así que le di un ocho.

LUIS SONRISAS: ¡Creo que nuestros jueces están siendo muy cuidadosos el día de hoy! Tomen en cuenta, ustedes que están en el público, que este panel ha escuchado miles de testimonios, cantos, oraciones, clamores pidiendo dinero y sermones. Fueron escogidos directamente por mí por su basta experiencia. Son los mejores en este negocio. ¡Así que tendrán que hacer algo demasiado estrafalario para endulzarles los oídos a estos jueces! Y hablando de estrafalario, traigamos a nuestro tercer concursante, Javier Cancionics, ¡quién dará su testimonio con una canción!

JAVIER CANCIONICZ:
La vida... comenzó

como una carrera.

La línea de partida

cubierta con carros.

A una palabra

todos navegamos y chocamos,

hasta que lleguemos a la bandera

con cuadritos,

en las estrellas.

LUIS SONRISAS: ¡Realmente un enfoque muy creativo! Jueces, ¿cómo reaccionan a esto? Comencemos con el Juez Cuatro.

JUEZ CUATRO: Su vibrato fue bueno y cantar sin acompañamiento requiere agallas y una afinación perfecta. Le doy un siete.

LUIS SONRISAS: Perfecto. ¿Juez Tres?

JUEZ TRES: Para mí suena como si necesitara una afinación... ¡ja¡ ¡ja! Sin embargo, hablando en serio, la canción tuvo un buen enfoque emocional pero muy poco valor eterno. Le di un seis por su habilidad musical.

LUIS SONRISAS: ¿Y usted Juez Dos?

JUEZ DOS: La canción estuvo bien pero realmente trató de forzar su personalidad sobre nosotros. Tenía una sonrisa fingida. Por eso le di un uno.

LUIS SONRISAS: ¿Juez Uno?

JUEZ UNO: Las analogías ya están fuera de moda Luis. Eso hizo que estuviera bajo el promedio, así que le di un cuatro.

LUIS SONRISAS: Bueno eso es todo por esta noche. Nuestros jueces están tabulando los resultados para ver quien será el gran ganador. El ganador es... ¡Oh! ¡No puedo creerlo... la ganadora es Tía Ruth Varadorada! ¡Felicidades Tía Ruth, has ganado el Testimonio de los $64,000!

TÍA RUTH VARADORADA: ¡Oh! ¡Oh! ¡Oh! ¡Estoy tan emocionada! ¡Oh, gloria a Dios! ¡Oh, estoy tan contenta, y esta es la razón!

LUIS SONRISAS: ¿Cuál es la razón Tía?

TÍA RUTH VARADORADA: ¿Qué?

LUIS SONRISAS: Pregunto que cuál es la razón por la que estás tan contenta.

TÍA RUTH VARADORADA: No sé de lo que me hablas sabelotodo.

LUIS SONRISAS: Pero Tía Ruth Varadorada, acabas de decir: «Estoy tan contenta, y esta es la razón». Así que, ¿por qué estás tan contenta?

TÍA RUTH VARADORADA: ¿Qué te crees tú? ¿Un intelectual o qué? ¿Cómo puedo saber el porqué? Solo lo dije... no tengo la respuesta a esas preguntas capciosas.

LUIS SONRISAS: Bueno, se nos acabó el tiempo. La gran ganadora del «Testimonio de los $64,000» ha sido Tía Ruth Varadorada. Sintonízanos de nuevo la próxima semana cuando tendremos a tres nuevos concursantes con tres viejos testimonios, que quizás puedan ser el Testimonio de los $64,000.

FIN

UN BUEN DÍA EN UNA INUNDACIÓN

DESASTROZA

PERSONAJES
• Noé • Su hijo Cam

CAM: (Quejándose) Ohhhhh….

NOÉ: ¿Cuál es el problema, Cam, hijo mío?

CAM: No me siento muy bien.

NOÉ: Tampoco te ves nada bien. ¿Cuál crees que sea el problema?

CAM: Es que aquí apesta. Estos animales huelen peor que un zorrillo muerto en calor.

NOÉ: Oh, vamos. No puede ser todo tan malo, solo porque tenemos dos animales de cada uno en el mundo en esta arca.

CAM: Bueno, no solo es eso. Este barco se está meciendo de un lado al otro y de un lado al otro. Hemos estado aquí 326 días, 12 horas, 3 minutos y 17 segundos. Hemos estado flotando en el agua tanto tiempo que ya me siento como una bolsita de té.

NOÉ: No te preocupes hijo. No creo que Dios nos mantendrá aquí por mucho más tiempo. Debes ser paciente.

CAM: Quizás por otros 49 días, 11 horas y posiblemente 57 minutos y 43 segundos, contando año bisiesto, ¿no lo crees?

NOÉ: Sí, quizás.

CAM: Utilizando la calculadora por supuesto.

NOÉ: Por supuesto, pero sabes que tienes que ser paciente, paciente, paciente, paciente…

CAM: Papá, papá, papá… comienzas a escucharte como un doctor.

NOÉ: Lo siento. ¿Todavía está lloviendo afuera?

CAM: ¿Acaso llueve adentro?

NOÉ: No hay respeto, no hay respeto.

CAM: Hecha un vistazo.

NOÉ: (Mira en la ventana) Está lloviendo tan fuerte que no puedo ver cómo está el clima.

CAM: Déjame ver papá. (Se asoma a la ventana) Qué barbaridad, está lloviendo perros y gatos afuera.

NOÉ: Hijo, te dije que mantuvieras a esos animales dentro del arca.

CAM: Es solo una expresión. Realmente quiero decir que está lloviendo mucho.

NOÉ: Sí hijo, yo creo que estamos en lo que en un futuro será Seattle, Washington. Eso me recuerda algo, creo que dejé la llave de la tina abierta en casa.

CAM: ¡Oh no, papá, cuando llegue la cuenta del agua mamá te va a matar!

NOÉ: Espero que también eso sea una expresión.

CAM: Oye papá, ¿se hunden a menudo los barcos?

NOÉ: Solamente una vez.

CAM: ¿Qué pasa si se hace un agujero en el arca y se hunde?

NOÉ: Imposible. Para empezar, Dios no permitiría que nos hundiéramos; eso arruinaría toda la historia. Además yo no sé nadar.

CAM: ¿Y si a pesar de todo nos hundimos? No tenemos salvavidas lo suficientemente grandes para los elefantes.

NOÉ: Ah, Cam, no seas miedoso. Confía en Dios. Él está sosteniendo este barco así como sostiene nuestras vidas. Nos llevará flotando seguros a través de las aguas de la vida si solamente pones tu confianza en él y le permites ser tu capitán.

CAM: Pero todo parece tan aburrido aquí. Me despierto por las mañanas y el gallo canta, el cochino hace «oink» y las cebras… hacen el sonido que hacen. ¿No te cansas de llevar a un tigre siberiano de 300 kilos al baño? También papá, tienes que hacer algo con esos pájaros. Tengo que lavar mi cabello a cada hora por su culpa. Hablando de esto, ¿has visto mi secadora de pelo en el arca?

NOÉ: Sí, la vi. Mientras que estaba secándome mi barba el avestruz se la tragó. Fue una escena electrizante.

CAM: Estás bromeando. No sé cuánto más pueda aguantar.

NOÉ: Qué, ¿esta arca?

CAM: No, tus chistes.

NOÉ: Como dije antes, debes ser paciente.

CAM: Oh, yo tengo paciencia. Siempre he tenido paciencia. Desde que nací he tenido paciencia. *(Pausa)* ¿Qué es tener paciencia?

NOÉ: Tener paciencia es sufrir la aflicción con un temperamento calmado e imperturbable. Cuando tienes paciencia a través de tiempos de pruebas y tribulación, Dios te moldeará haciéndote nuevo y mejor.

CAM: Pero papá, estoy tan aburrido. Todo este lugar es aburrido. Quiero salirme de esta arca.

NOÉ: Pero hijo, ¿no quieres crecer?

CAM: ¿A qué te refieres? ¿Estar aburrido me ayuda a crecer? Eso es una locura; entonces supongo que si me emociono se detendrá mi crecimiento.

NOÉ: No hijo, no me refiero a ese tipo de crecimiento. Estoy hablando de tu crecimiento espiritual. Verás, en cada prueba y tribulación debemos adorar a Dios porque podemos beneficiarnos espiritualmente y crecer hasta ser cristianos más fuertes para Dios.

CAM: Ya veo, debemos de regocijarnos en nuestros sufrimientos porque sabemos que el sufrimiento produce paciencia y la paciencia produce carácter y el carácter produce esperanza.

NOÉ: Exactamente hijo. Nos beneficiamos de nuestro aburrimiento. Así que solo sé paciente hasta… hasta que el gran arco iris brille en el cielo.

CAM: Gracias papá. Terminaré de limpiar los establos.

NOÉ: Apúrate, mamá está haciendo la comida.

CAM: ¿Qué vamos a comer?

NOÉ: ¿Qué quieres?

CAM: Barbacoa de cebada con salsa de queso.

NOÉ: ¿Quieres una orden de papas fritas?

CAM: No gracias, quizás algo de alfalfa con ketchup.

NOÉ: De acuerdo, así será.

CAM: Ah, por cierto papá, ¿no has visto tierra seca todavía?

NOÉ: Mandé a un cuervo por la mañana para encontrar tierra seca, pero ese cuervo tenía fobia acuática. (*Al público*) Eso quiere decir miedo al agua. Con el agua bajo él y la lluvia a su alrededor, el pajarito se asustó.

CAM: Por qué no intentas de nuevo, pero con un animal más chico.

NOÉ: Ya sé, utilizaré una serpiente.

CAM: Nooo, Jacinto tiene gripe. Además esa serpiente tiene miopía. Se enamoraría de alguna cuerda.

NOÉ: Supongo que su vida amorosa está enredada.

CAM: ¿Por qué no utilizamos una paloma?

NOÉ: Nooo, no funcionará. (*Pausa*) Ya sé, utilizaremos una paloma.

CAM: (*A él mismo*) ¿Por qué no pensé en eso?

NOÉ: Ven pajarito. (*Noé actúa como si abriera una jaula y buscara una paloma*) Ahora escúchame bien, quiero que vueles y encuentres tierra seca, y si encuentras tierra seca, trae algo como prueba. Buena suerte y que Dios esté contigo. (*Arroja la paloma por la ventana*) Vuela y se libre. (*Hace la mímica observando al pájaro volar, luego caerse en el agua*) Nada, nada, mueve las alas así. (*Mueve los brazos*) Así es, vuela, vuela, vuela. (*Al hijo*) Recuérdame inscribir a ese pájaro en las olimpiadas.

CAM: Sí

NOÉ: ¡Mira!

CAM: ¿Adónde?

NOÉ: Arriba, la paloma regresa, y tiene algo en el pico. (*Una lata de Coca-cola es lanzada al escenario y Noé la atrapa*) Mira, la paloma ha encontrado tierra.

CAM: (*Toma la lata de Coca-Cola y la muestra al público*) Es la chispa de la vida.

NOÉ: (*Noé comienza a cantar una parte del anuncio de Coca-cola*) Coca-cola... oh, yo sabía que Dios no nos defraudaría, solamente tienes que tener...

CAM: Ya sé, ya sé, tener un poco de paciencia.

NOÉ: La tienes ahora, mi hijo. ¡Oh no!

CAM: ¿Qué sucede?

NOÉ: Acabo de pensar en algo

CAM: ¿En qué?

NOÉ: ¡Oh no!

CAM: ¡¿Qué?!

NOÉ: Espero que podamos encontrar un hotel con cuartos disponibles.

CAM: No te preocupes, te apuesto a que mucha gente se quedó en casa por la lluvia.

(*Salen ambos*)

FIN

RIN RIN BÍBLICO

PERSONAJES
• Operadora • Moisés • Jonás • Sarah • Cualquier hombre / cualquier mujer

---

Un escritorio cubierto con papeles a la derecha, donde se encuentra una operadora de teléfonos. Por la izquierda entrarán todos los personajes y llamarán.

OPERADORA: Un Rin Rin, dos Rin... ¡Oh! Buenas noches y hola. ¿Es el lugar de la fiesta con el que estoy hablando? Ah sí, ¿está algún Moisés ahí por favor?... ¿Qué?... (Risa fuerte) Lo siento. Entendí mal. Por favor, ¿puedo hablar con él? Gracias.

MOISÉS: *(Entra con voz temblorosa, tartamudeando, evidentemente preocupado y ansioso porque haya una llamada para el)* ¿Hola?

OPERADORA: Hmm, sí. ¿Es usted el señor Moisés?

MOISÉS: Sí, ¿hay algún problema?

OPERADORA: *(Haciendo ruidos con la nariz)* ¡Oh, señor Moisés, es usted tan chistoso! Mire señor, en mi archivo dice que a usted se le está llamando para solicitar una transferencia a un señor Faraón de Egipto. ¿Es esta información correcta?

MOISÉS: Este... bueno... yo... hmm...

OPERADORA: Por favor, señor Moisés. ¿Para qué andar con evasivas?... ¿O debería decir... «con arbustos ardientes»? *(Gran carcajada)*

MOISÉS: Por favor. Ya discutí esto con Dios. Pensé que él había decidido darle una llamadita a Aarón mi hermano.

OPERADORA: Perdone que difiera con usted. Nuestros registros claramente muestran que aunque su hermano puede ayudar en las operaciones, esta no es una llamada para ambos, Dios claramente lo ha escogido a usted.

MOISÉS: *(Gran suspiro)* No tengo problemas en tener una relación con Dios. Solamente que no quiero que él me llame a mí todo el tiempo. ¿No tiene un bloqueador de llamadas o algo así?

OPERADORA: Oh, señor Moisés, lo siento, eso no es posible. El tener una relación con Dios significa que, para empezar, usted al menos escucha cuando él llama. Estoy segura de que Dios lo ayudará, pero necesita devolver su llamada.

MOISÉS: Bueno... ¿me ayudará Dios con los cargos?

OPERADORA: Por supuesto.

MOISÉS: ¿Estará Dios conmigo?

OPERADORA: En cada paso del camino.

MOISÉS: Está bien, le devolveré la llamada a Dios.

(Sale del escenario por el lado izquierdo)

JONÁS: *(Entra empapado, temblando, miserable; habla con algún acento, burlándose)* ¡Hola! ¿Está ahí la persona con quién estoy hablando?

OPERADORA: Sí, soy yo. ¿Puedo ayudarle?

JONÁS: Sí, ¡habla Jonás! ¡Necesito hablar con mi agente de viajes y quiero hablar con él ahora mismo!

OPERADORA: Un momento por favor... (Pausa) Oh, tú eres ese tal Jonás.

JONÁS: (Gritando) ¿Cómo adivinaste?

OPERADORA: (Riéndose) ¡Oh, señor Jonás, hemos estado esperando escuchar de usted! ¿Su alojamiento ha sido menos de lo que usted esperaba?

JONÁS: ¡Estoy dentro de una ballena! ¿Ha olido el interior de una ballena?

OPERADORA: Oh, Dios mío, no, pero no traté de invertir los cargos de mi llamada tampoco.

JONÁS: ¿De qué está hablando?

OPERADORA: Oh, señor Jonás, nuestros registros claramente muestran que usted fue llamado para ir a Nínive y rehusó aceptar los cargos. ¿Realmente pensó que podía huir de esto, señor Jonás? ¿No se dio cuenta de que somos omnipotentes aquí? Esto es: «potentes» con un «omni». (Risas)

JONÁS: ¿Así que usted está diciendo que no puedo invertir los cargos? ¿Qué tengo que aceptar el llamado que tengo?

OPERADORA: Ya lo entendió, señor Jonás.

JONÁS: ¿Estará Dios conmigo?

OPERADORA: Cada paso del camino.

JONÁS: Bueno, está bien. Gracias... Supongo... (Sale del escenario a la izquierda, entra Sarah)

OPERADORA: Hermosos buenos días y hola. ¿Está ahí la persona con quien hablo?

SARAH: Sí, soy Sarah, sí. ¿Puedo ayudarla?

OPERADORA: Sí, esta es la compañía de teléfonos llamándola. Tengo un reclamo de una tal Sarai esposa de Abraham. Es algo acerca de una conexión de una llamada de tres líneas que falló.

SARAH: Ah sí, ¡yo soy Sarah!

OPERADORA: Esta forma dice que estoy buscando a una Sarai.

SARAH: Sí, bueno, el nombre de mi esposo y el mío fueron cambiados recientemente... (dulce sarcasmo) Supongo que siendo la compañía de teléfonos omnisciente, ya lo sabían.

OPERADORA: Lo sabíamos, solo quería estar segura de que usted había aceptado el cargo. Parece ser que ha tenido problemas últimamente aceptando el llamado de Dios que tiene sobre su vida.

SARAH: Bueno, originalmente teníamos un arreglo para el llamado de tres personas que eran yo, mi esposo y... bueno... una sirvienta la cual tengo muchas razones por las que no me agrada.

OPERADORA: (Gran resoplido y risa) ¡Ah sí! ¡Todavía hablamos de ella aquí! Pero yo tenía la impresión de que esta situación ya se había arreglado.

SARAH: Pues ya se arregló. Pero ya que hablo contigo por teléfono... ¿Es verdad que voy a dar a luz a un hijo?

OPERADORA: ¿Prometes no reírte?

SARAH: (Mirando hacia abajo un poco apenada) Lo prometo.

OPERADORA: Has sido llamada para dar a luz a un hijo cuyo nombre será Isaac.

SARAH: (Emocionada) ¡Oh! ¡Gracias! (Sale del escenario a la izquierda)

CUALQUIER HOMBRE: (Entra irritado, habiendo sido interrumpido de su trabajo por esta llamada; toma el teléfono, contesta gruñón) ¡Hola!

OPERADORA: (Por primera vez es tomada por sorpresa) Hmmm... este... ¡ah sí! Hermosos buenos días y... ¡ahhh! ¿Es usted la persona con la que deseo hablar?

CUALQUIER HOMBRE: ¡Sí! ¡Estoy ocupado! ¿Qué rayos quieres?

OPERADORA: ¡Oh! Perdóneme, señor, por interrumpirlo, pero hay una llamada para usted en la línea tres.

CUALQUIER HOMBRE: ¿Tres? ¿Qué quieres decir con la línea tres? ¡Solo tenemos dos líneas!

OPERADORA: ¡Oh señor! ¡Pero esta es línea directa! Usted tiene una llamada para el ministerio de parte de Dios.

CUALQUIER HOMBRE: ¿De qué está hablando usted? Ya tengo un empleo. Trabajo como reparador. (Se mueve para colgar el teléfono pero las palabras de la operadora lo detienen justo a tiempo)

OPERADORA: ¡Oh señor, espere! Le ruego que espere. Dios quiere que usted entienda que su ministerio es como reparador. Usted está usando sus dones dados por Dios en el mundo. Es su llamado especial.

CUALQUIER HOMBRE: ¿Quiere decir que estoy en el ministerio? Bueno, nunca pensé que yo... quiero decir... ¿Dios me está llamando? Pero no soy bueno con la gente. Hay otras personas más religiosas que yo. ¡Llámalos a ellos! ¡Haz que ellos lo hagan! Y, ah sí (aliviado porque se le ocurrió otra excusa), no tengo tiempo de pensar en otra cosa.

OPERADORA: ¡Oh amable señor! (Haciendo un resoplido por la nariz) ¡Qué impresionante! Ha sido capaz de dar todas las excusas con un solo respiro. Esto rebaja considerablemente el tiempo. Con razón es usted tan exitoso. Sus talentos con la gente son necesarios en este mundo. Usted puede enseñar a la gente lo que significa una vida cristiana.

CUALQUIER HOMBRE: ¿Tengo alguna opción?

OPERADORA: Bueno, quisiéramos decir que sí, pero usualmente obtenemos a nuestra gente al final... de una forma u otra.

CUALQUIER HOMBRE: Oh, bueno, está bien. Perfecto, ¡lo haré! Pero, ¿me ayudará Dios y estará conmigo?

OPERADORA: ¡Dios siempre estará con usted! Y, señor...

CUALQUIER HOMBRE: (Comienza a salirse, pero regresa para la respuesta final) ¿Sí?

OPERADORA: Gracias por aceptar el llamado de Dios.

FIN

¿POR QUÉ LA VIDA ES TAN VACÍA?

Este drama fácil de preparar (página 56) hará pensar a tus jóvenes acerca de lo vacías que son muchas de sus formas favoritas de pasar el tiempo.
Jay Ashcraft

EL TIEMPO ES CORRECTO

El drama que comienza en la página 58 hace que tus adolescentes piensen en Jesús. *Jay Ashcraft*

DIEZ POR CIENTO

Introduce el tema del diezmo con este drama. Luego utiliza preguntas como estas para explorar el tema:
• Después de escuchar lo que el papá de Emilia dijo sobre el diezmo, si tú fueras Emilia, ¿darías $2.00 a la iglesia? ¿Por qué sí o por qué no?
• ¿Por qué piensas que Dios está interesado en tu dinero? ¿Existen otras cosas con las que puedes diezmar además del dinero?
• ¿Sabes en qué gasta nuestra iglesia los diezmos y las ofrendas que se recogen? (Debes prepararte para contestar esta pregunta con conocimiento si la vas a preguntar).
• (Primero lee Levítico 27:30-32, Salmo 96:7-8 y Marcos 12:17, todas estas escrituras hablan del diezmo.) De acuerdo a estos versículos, ¿por qué debe diezmar un cristiano?
• ¿Qué nos dicen estos versículos acerca del carácter de Dios, es decir, acerca de quién es Dios y qué quiere de su gente?
• ¿Las cosas buenas en tu vida vienen directamente de Dios, son el resultado del trabajo duro o el resultado de la casualidad?
• ¿Por qué puede una persona verdaderamente disfrutar el acto de diezmar?

Es domingo en la tarde. Emilia apenas llegaba de su trabajo de niñera. Su papá estaba en la sala viendo el partido de fútbol.

EMILIA: ¡Mira papá! Acabo de ganarme $20.00 por ser niñera en la casa de los Enriques! ¿Me podrías llevar al centro comercial, por favor?

PAPÁ: Vamos a ver. (Mirando a la televisión) ¿Estás ahorrando $2.00 para dar tu diezmo mañana?

EMILIA: No puedo mañana. Lo necesito para los regalos de Navidad. ¿Sabes a cuántos amigos debo darles regalos aparte de ti, a mamá y Cristy? Además de que me lo gané. Es mi dinero.

PAPÁ: (Lentamente) Sí. Es tu dinero. Noventa por ciento lo es. El diez por ciento le pertenece a Dios. Es lo que Dios siempre requiere de sus seguidores.

EMILIA: Sí. Yo sé que tú y mamá diezman. Pero yo no gano tanto dinero. Simplemente no me parece justo que deba de darle diez por ciento a la iglesia.

PAPÁ: A veces diez por ciento realmente parece mucho. Pero tú sabes, Em, desde que tu mamá y yo hicimos el compromiso de diezmar, no nos falta nada. Claro, a veces estamos apretados —sabes eso— pero Dios siempre nos ha provisto lo suficiente. Y en formas increíbles también.

EMILIA: ¿Podemos ir al centro comercial ahora?

PAPÁ: Espera. Esto es algo muy importante. Mientras decides si darle a Dios o no $2.00 mañana, creo que es importante considerar el hecho de que es Dios quien te da la habilidad de ser una buena niñera y que es Dios quien te proveyó un buen trabajo con los Enriques. Dios te cuida Em, y espera que lo honres con el diez por ciento. ¿Pensarás en estas cosas antes de tomar la decisión de gastar todo el dinero?

EMILIA: Trataré papá. Realmente trataré. (Pausa) ¿Ahora sí podemos ir al centro comercial? *Anne Elizabeth Dodge Tyson*

JESÚS CONOCE A UNA MUJER

La lectura de las Escrituras cobra vida cuando el texto es preparado en forma de guión. Muchas de las secciones narrativas tanto en el Antiguo como en el Nuevo Testamento pueden ser adaptadas para usarse en un grupo con resultados excelentes. Asigna personajes, hagan una lectura y después discutan el contenido del drama. Utiliza las preguntas de discusión que siguen:
• Discute el concepto gradual que fue formando la mujer acerca de quién era Jesús. (¿Quién piensas que es Jesús?)
• Compara y contrasta la actitud de Jesús, la actitud de los discípulos y la típica actitud judía hacia esta mujer que era de otra raza.
• ¿Cuál es el agua viva de la cuál habló Jesús?
• ¿Qué enseñó Jesús a la mujer acerca de la adoración?
• Discute la naturaleza de la cosecha de la que hablaba Jesús.
• Si tomaste en serio las enseñanzas de este pasaje, ¿qué diferencias específicas podrían haber en tu vida el día de mañana?

La conversación de Jesús con la mujer Samaritana está en la página 61. *William Chaney*

¿POR QUÉ LA VIDA ES TAN VACÍA?

PERSONAJES
•Amy •Lisa •Vendedor •Rea Lidad

UTILERÍA
•Vaso grande de leche •Globo marcado que diga: NOVIO •Globo marcado que diga: DEPORTES
•Globo marcado que diga: FANTASÍA •Prendedor o Alfiler grande •Almohadas o sofá

Amy y Lisa están sentadas sin hacer nada en el sofá o las almohadas

AMY: La vida es tan aburrida. Parece que nada de lo que hago tiene significado. Me siento como si fuera el acné en la cara de la vida.

LISA: Escucha, Amy. Sé lo que quieres decir, pero quizás deberías de tratar de hacer lo que yo hago. Estoy tomando leche. Mi vida podrá ser aburrida ahora, pero en algunos años... si sigo tomando leche, todo será maravilloso.

AMY: Sí claro. (El vendedor toca la puerta)

LISA: Abre la puerta Amy. Quizás sean algunos muchachos.

AMY: (Abre la puerta) ¿Sí?

VENDEDOR: Entiendo que su vida es aburrida.

AMY: ¿Cómo lo supo?

VENDEDOR: Tengo mis formas. Escucha, tengo algunas cosas en esta bolsa que están garantizadas para darle a tu vida propósito y significado.

AMY: No creo…

VENDEDOR: No estés tan segura. Mira, aquí hay algo muy bueno. He vendido muchos de estos últimamente. (Saca el globo que dice: NOVIO)

LISA: Oiga, ¿qué es eso?

VENDEDOR: La promesa de un novio. Cuando tengas uno de estos, tu vida valdrá la pena. Todo caerá en su lugar una vez que tengas un novio.

AMY: (Toma el globo) ¡Me gusta!

VENDEDOR: Oye, tranquila. Tengo muchas cosas muy buenas aquí. Mira este por ejemplo. (Saca otro globo que dice: DEPORTES)

LISA: ¡Vaya, qué buena onda! ¿Qué es?

VENDEDOR: Esta cosita viene en segundo lugar después de los muchachos. Si eres buena, jamás sentirás que algo te falta.

LISA: ¡Genial, amigo! (Toma el globo) Me gusta. Esto es algo estupendo.

VENDEDOR: Bueno, tengo que correr. Pero ya que son tan buenas clientes, les voy a dar algo extra.

LISA: ¡Qué increíble! ¿No es cierto? ¿Qué es?

VENDEDOR: Yo le llamo a este chiquitín «Felicidad de Emergencia». En caso de que por alguna razón los muchachos o los deportes no fueran suficientes, simplemente saca esta belleza sin par y ¡lotería!... todos tus problemas están resueltos. Se llama FANTASÍA. (Saca el globo que dice: FANTASÍA)

AMY: ¿Cómo usas esto?

VENDEDOR: Calma. Cuando estés aburrida, ve al mundo de la fantasía. La música puede ayudarte, también las películas. En realidad, todo lo que mantenga tu mente alejada de lo que tu vida realmente es. Algunos de mis mejores clientes utilizan la fantasía casi las 24 horas del día. Se van a dormir con sus grabadoras toda la noche y amanecen con ellas en la mañana.

AMY: Bueno, ¿cuánto nos va a costar todo esto?

VENDEDOR: No se preocupen. El pago es fácil... simplemente páguenme a cientos de plazos. Denme una semana de su vida aquí, otro día allá. Se sorprenderán de cuántas horas se van acumulando.

AMY: Grandioso, las dos tomaremos uno.

VENDEDOR: Ahora recuerden, si por alguna razón estas cosas no hacen su trabajo, tengo muchas otras grandes ideas de donde salieron estas. (Sale)

LISA: Oye, esto es increíble. Este tipo llega exactamente cuando lo necesitábamos. Tenemos muchas cosas aquí. Apenas puedo esperar para usarlas. (Rea Lidad toca la puerta)

AMY: ¿Y ahora quién es? (Abriendo la puerta)

REA LIDAD: Buenas noches damitas. Lidad es mi nombre. Rea Lidad. Escuché que recientemente compraron unos juguetes nuevos para hacer que su vida sea interesante.

AMY: ¿Cómo supiste?

REA LIDAD: Tengo mis formas. Ahora, veamos lo que tienen.

LISA: ¡Claro! Mira esto. ¿No es realmente algo extraordinario? (Le muestra su globo que dice: DEPORTES)

REA LIDAD: Los deportes ¿eh? ¡Qué bien! Pero, ¿qué sucederá si te lastimas o no puedes ser parte del equipo? O ¿qué tal si ganas todo? ¿Qué es lo que realmente tienes para brindar que valga la pena y sea tan satisfactorio? No, me temo que los deportes no son suficiente. (Saca un alfiler y revienta el globo)

LISA: ¡Oye! ¡Mira lo que le hiciste a mis deportes!

REA LIDAD: Así es la vida

AMY: Bueno, ¿qué me dices de esto? (Le muestra su globo que dice: NOVIO)

REA LIDAD: Me temo que este tampoco es suficiente. ¿Qué hay de los muchachos que te engañan o te usan? ¿Qué pasa cuando finalmente conoces al hombre de tus sueños y sucede que es aburrido? Peor todavía, ¿qué ocurre si es todo lo que siempre has querido y aun así no es perfecto? No. Me temo que este también se tiene que ir. (Lucha por quitarle el globo pero lo revienta de cualquier manera).

AMY: Oye, eso duele. ¿Por qué no te largas de aquí? ¡Y no regreses!

REA LIDAD: No te preocupes. Regresaré. (Sale)

LISA: Qué mala suerte. Esa persona era realmente una perdedora.

AMY: Sí, y qué bueno que no vio nuestras fantasías. Nos las habría reventado también.

LISA: Creo que debemos buscar al hombre de los globos. Las fantasías no son suficientes para mantenerme bien todo el tiempo.

AMY: Solo sigue tomando tu leche, Lisa.

FIN

El TieMpO Es CorrecTo

PERSONAJES

• Arc Ángel, el anfitrión del programa • Rosa, primer concursante • Javier, segundo concursante • Olga, tercer concursante • El portador de cartelones • Mensajero

UTILERÍA

- Pequeño joyero con una nota dentro
- Bolsa con una nota dentro
- 3 Cartelones:
  —OHHH CON UNA CARITA TRISTE
  —AHHH CON UNA CARITA TRISTE
  —APLAUSOS Y ACLAMACIONES CON UNA CARITA FELIZ
- Documento dentro de un sobre que se vea oficial
- 3 cajas envueltas de regalo, cada una con una nota:
  —Una que diga: EL REINO DE DIOS
  —Una que diga: SATISFACCIÓN GARANTIZADA
  —Una que diga: COMPLETAMENTE PAGADO

El escenario debe estar decorado como si fuera un programa de concursos. El portador de cartelones no solo levanta los cartelones en los momentos apropiados sino que también debe animar y obtener respuestas del público.

ARC ÁNGEL: Bienvenidos a «¡El Tiempo es Correcto!» Y ahora vamos a conocer a nuestros concursantes. ¡Rosa Cortés, ven al frente! ¡Javier Velasco, ven al frente! ¡Olga Mora, ven al frente! *(Los concursantes brincan de sus asientos de entre el público y corren gritando al escenario)* Ahora concursantes, ya saben cómo funciona el juego. Cada uno de ustedes tiene algo que desea obtener de la vida. Tendrán la opción de intercambiar la esperanza de conseguir ese deseo por alguno de los fabulosos regalos de Dios, o quedarse con la misma y ver si resulta como ustedes lo planearon. Está bien. Vamos a comenzar con el concursante número uno. Rosa, ¿qué tienes ahí contigo?

ROSA: *(Levanta un joyero)* Estoy deseando llegar a ser una modelo exitosa. Eso me haría feliz.

ARC ÁNGEL: Rosa, la caja número uno está marcada con EL REINO DE DIOS. ¿Deseas intercambiar tu caja por este fabuloso regalo de Dios o prefieres quedarte con lo que tienes?

ROSA: Creo que voy a correr el riesgo con lo que yo tengo.

ARC ÁNGEL: Rosa, ¿estás segura?

El Tiempo es Correcto—2

ROSA: Sí, estoy segura

ARC ÁNGEL: Está bien Rosa. Vamos a ver lo que te perdiste. *(Abre la caja marcada con EL REINO DE DIOS y saca una nota)* Veamos lo que dice: «Deléitate en el Señor y el te concederá las peticiones de tu corazón».

PORTADOR DE CARTELONES: *(AHHH con una carita triste)*

ARC ÁNGEL: Eso estuvo mal Rosa. Pero veamos con lo que te quedaste.

ROSA: *(Abre el joyero y saca y lee la nota que está dentro)* «Desilusión, corazón herido, pesar». *(Rosa comienza a llorar)*

PORTADOR DE CARTELONES: *(AHHH con una carita triste)*

ARC ÁNGEL: Pues sí, ojalá tengas mejor suerte para la próxima, Rosa, pero en este programa solamente tienes una oportunidad. Adiós... y no se te olvide llevar tu futuro contigo. *(Rosa sale enojada)* Concursante número dos, Javier Velasco, ¿qué tienes ahí contigo?

JAVIER: Nada, no tengo nada. Pienso que si no esperas nada de la vida, no seré desilusionado.

ARC ÁNGEL: Pero seguramente tienes algo.

JAVIER: No. Solo tomo la vida como viene

ARC ÁNGEL: Entonces esta bien, Javier. ¿Deseas intercambiar lo que tu tienes por lo que está en la caja número dos, el fabuloso regalo de Dios que dice **SATISFACCION GARANTIZADA**?

JAVIER: No, como dije, prefiero no esperar nada. Solo así no seré desilusionado.

ARC ÁNGEL: Está bien, Javier. No esperas nada. Así que veremos lo que recibiste.

MENSAJERO: Entrega especial para Javier Velasco. *(Le entrega un sobre a Javier)*

ARC ÁNGEL: Adelante Javier. Lee lo que dice.

JAVIER: «Javier Velasco, por medio de la presente se le cita para aparecer delante del Supremo Tribunal donde el Creador del Universo proclamará su juicio». ¡Eso es trampa! ¡Yo pensé que si solo dejaba pasar la vida, todo saldría bien!

El Tiempo es Correcto—3

ARC ÁNGEL: Suena como si fuera un error Javier. Ahora veamos lo que te perdiste. *(Abre la caja que dice SATISFACCION GARANTIZADA)* ¡Mira esto! Una promesa de Dios: «Nunca te dejaré ni te desampararé».

PORTADOR DE CARTELONES: *(AHHH con una carita triste)*

ARC ÁNGEL: Adiós Javier. No se te olvide llevarte tu citatorio. Y ahora nuestro último concursante. Olga Mora, ¿qué has traído?

OLGA: (Levanta una bolsa) Bueno, es una bolsa con muchas cosas. Puse ahí todas las cosas buenas y malas que he hecho. Estoy esperando que las cosas buenas pesen más que las malas.

ARC ÁNGEL: Rosa, es tiempo de la gran decisión. ¿Deseas quedarte con lo que tienes o tomar la caja número tres, el fabuloso regalo de Dios que dice: COMPLETAMENTE PAGADO?

OLGA: Bueno, he estado observando cuidadosamente y pienso que tengo mejor oportunidad si tomo lo que Dios tiene para ofrecerme en lugar de hacer las cosas a mi manera. Acepto el regalo de Dios.

ARC ÁNGEL: Olga, abre tu bolsa. Vamos a ver lo que te perdiste.

OLGA: Wow, qué bueno que no me quedé con esto: «Si alguno hace todo bien y rompe uno de mis mandamientos, esa persona es culpable de romperlos todos».

PORTADOR DE CARTELONES: *(OHHH con una carita triste)*

ARC ÁNGEL: Y ahora, veamos lo que recibiste. (Abre la caja) Aquí dice: «Vida que sigue y que sigue y que sigue por toda la eternidad».

PORTADOR DE CARTELONES: *(APLAUSOS Y ACLAMACIONES con una carita feliz)*

OLGA: *(Brincando arriba y abajo)* ¡Qué gran regalo!

ARC ÁNGEL: ¡Felicidades Olga! ¡Tú eres la gran ganadora el día de hoy! *(Se voltea al público)* Y recuerden sintonizarnos la próxima vez, porque quizás sea *(señalando al público)* tu turno de jugar «El Tiempo es Correcto».

FIN

Se concede el permiso para fotocopiar esta página para tu propio grupo de jóvenes Derechos de Especialidades Juveniles, 300 S. Pierce, El Cajon, CA 92020

Jesús conoce a una Mujer

PERSONAJES
• Narrador • Jesús • Mujer • Discípulo

TEXTO BÍBLICO
Juan 4

NARRADOR: Jesús viajaba de Judea a Galilea y tenía que pasar por Samaria. Esta ciudad estaba localizada junto a un pueblo llamado Sicar cerca del terreno que Jacob le había dado a su hijo José. Cansado del largo camino bajo el sol, Jesús se sentó junto a un pozo mientras los discípulos habían ido al pueblo a comprar comida. Una mujer samaritana llegó al pozo a sacar agua.

JESÚS: ¿Me darías un poco de agua?

MUJER: Tú eres judío y yo soy samaritana... ¿como me pides a mí que te dé agua para beber?

NARRADOR: Los judíos por lo general ni siquiera hablaban con los samaritanos, mucho menos tomaban agua del mismo vaso.

JESÚS: Si supieras lo que Dios puede dar, y conocieras al que te está pidiendo agua, tú le habrías pedido a él, y él te habría dado agua que da vida.

MUJER: Señor, ni siquiera tienes con qué sacar agua, y el pozo es muy hondo. ¿De dónde, pues, vas a sacar esa agua que da vida? ¿Acaso eres tú superior a nuestro padre Jacob, que nos dejó este pozo, del cual bebieron él, sus hijos y su ganado?

JESÚS: Todo el que beba de esta agua volverá a tener sed, pero el que beba del agua que yo le daré, no volverá a tener sed jamás, sino que dentro de él esa agua se convertirá en un manantial del que brotará vida eterna.

MUJER: Señor, dame de esa agua para que no vuelva a tener sed ni siga viniendo aquí a sacarla.

JESÚS: Ve a llamar a tu esposo, y vuelve acá.

MUJER: No tengo esposo.

JESÚS: Bien has dicho que no tienes esposo. Lo cierto es que has tenido cinco, y el que ahora tienes no es tu esposo. En esto has dicho la verdad.

MUJER: Señor, me doy cuenta de que tú eres profeta. Pero, permíteme hacerte una pregunta: ¿Por qué insisten ustedes los judíos en que Jerusalén es el único lugar donde se debe adorar? Nuestros antepasados adoraron en este monte, pero ustedes los judíos dicen que el lugar donde debemos adorar está en Jerusalén.

JESÚS: ¡Créeme, mujer, que se acerca la hora en que no nos preocuparemos por el lugar dónde adorar al Padre! Pues el lugar para adorar no es lo importante, sino cómo le adoramos. La adoración debe ser espiritual y real, pues Dios es Espíritu, y debemos

tener la ayuda de su Espíritu para adorar como debemos. El Padre quiere este tipo de adoración. Pero ustedes los samaritanos conocen tan poco acerca de él, adoran con los ojos cerrados, solo por decir algo. Nosotros los judíos sabemos todo acerca de él, pues la salvación llega al hombre a través de la raza judía.

MUJER: Bueno, al menos sé que el Mesías va a venir, ¿sabes?, aquel al que llaman Cristo... y cuando él venga nos explicará todas las cosas.

JESÚS: ¡Yo soy el Mesías!

NARRADOR: Entonces la mujer dejó el cántaro de agua cerca del pozo y regresó a su pueblo emocionada, contándoles a todos sobre Jesús. Pronto la gente comenzó a llegar del pueblo a verlo. Mientras tanto, los discípulos habían regresado con Jesús. Lo habían visto platicar con la mujer samaritana y estaban asombrados, pero no le preguntaron al Maestro por qué hizo esto o qué le dijo a la mujer, sino que le rogaban a Jesús que comiera.

DISCÍPULO: Maestro, come algo de la comida que trajimos.

JESÚS: No. Yo tengo una comida que ustedes no conocen.

DISCÍPULO: (Hablando con otros discípulos) ¿Alguien más le trajo comida?

JESÚS: Mi alimento viene de hacer la voluntad de Dios quien me envió y de finalizar su obra. Piensan que el trabajo de cosechar no comenzará hasta que termine el verano... ¿en cuatro meses más? ¡Abran sus ojos y vean a su alrededor! Los campos de almas humanas están maduros a nuestro alrededor y listos para ser cosechados. Ya el segador recibe su salario y recoge el fruto para vida eterna. Ahora tanto el sembrador como el segador se alegran juntos. Porque como dice el refrán: «Uno es el que siembra y otro el que cosecha». Yo los he enviado a ustedes a cosechar lo que no les costó ningún trabajo. Otros se han fatigado trabajando, y ustedes han cosechado el fruto de ese trabajo.

NARRADOR: Muchos de los samaritanos que vivían en aquel pueblo creyeron en él por el testimonio que daba la mujer: «Me dijo todo lo que he hecho». Así que cuando los samaritanos vinieron a su encuentro le insistieron en que se quedara con ellos. Jesús permaneció allí dos días, y muchos más llegaron a creer por lo que él mismo decía. «Ya no creemos solo por lo que tú dijiste», le decían a la mujer, «ahora lo hemos oído nosotros mismos, y sabemos que verdaderamente este es el Salvador del mundo».

FIN

TOMÁS CONOCE A DIOS

Dirígete a la página 64 para un obra con mensaje (que debe ser bien ensayada antes de presentarla al grupo). Después del drama continúa con una discusión de lo que sucedió. Aunque el mismo es muy corto, en él se manejan muchas cosas que valen la pena considerar. *Abiding Savior Lutheran Church*

¿SACRIFICARME? ¿YO? ¡DEBES ESTAR BROMEANDO!

Como lo demuestra esta sencilla obra para dos actores de la página 65, puedes utilizar el drama ligero —leído o memorizado— para interpretar o presentar pasajes de las Escrituras a tu grupo. Este drama está basado en Romanos 12:1-2. Escribe historias similares con otros pasajes bíblicos que estés enseñando... o permite que tus jóvenes escriban su propio papel en un estudio bíblico.
Myra Shofner

¡HÁBLAME!

Este drama de cuatro escenas (página 67) demuestra cuatro niveles de comunicación que la gente comúnmente utiliza para relacionarse con otros: superficial, chisme, opinión y sentimental. Utiliza las escenas para presentar una discusión acerca de los juegos que la gente lleva a cabo en su comunicación con otros. Haz referencias al contexto en el que se desenvuelve el público. Por ejemplo, si estás actuando durante un retiro, que el personaje de Liz exprese sus sentimientos acerca de ese fin de semana (en realidad así es como está escrito el guión... para que se adapte a cualquier situación). Después, permite que los personajes de Cristy y Sharon respondan de la misma manera. Y que en el último diálogo de Liz en la escena cuatro pregunte cómo se siente el público con respecto al grupo de jóvenes, o al viaje de misiones, o a la iglesia o lo que sea. Continúa con una discusión acerca de la importancia de la honestidad y la franqueza en la comunicación para poder hacer crecer amistades saludables.

¿Quieres hacerlo más personal? Reemplaza los nombres de los actores en el guión por sus nombres reales.
Frank Zolvinski

MISIONES MICROCÓSMICAS

Puedes dramatizar la necesidad de misiones en le mundo con este drama, el cual puede ser presentado por los mismos jóvenes a toda la congregación con resultados efectivos.

Mientras el diálogo (en la página 70, que puede ser adaptado para la situación de las misiones en tu propia iglesia) tiene lugar frente al escenario, otros jóvenes deben pasearse por toda la congregación pretendiendo ser prosélitos que desean ganar nuevos seguidores. Los siguientes «misioneros» pueden deambular por el lugar (el número que se señala para cada misionero sugiere una proporción más que el número real):

- **1 cristiano:** que puede decir algo como esto: «Soy cristiano porque hago lo mejor que puedo para seguir a Jesucristo. Claro que Dios no quiere que nadie se pierda, pero muchos en el mundo se están perdiendo porque no conocen a Jesús. ¿Me puedes ayudar a decirles?»
- **2 hindúes:** pueden decir algo así: «Como hindúes, adoramos a muchos dioses y reverenciamos a varios animales, los cuales pueden ser nuestros ancestros reencarnados. Con mucho esfuerzo moral y muchas vidas en esta tierra, uno puede trascender a la larga el ciclo del nacimiento, la muerte y la reencarnación... y finalmente alcanzar el nirvana».
- **3 musulmanes:** «Existe un dios, su nombre es Alá, y Mahoma es su profeta. Alá requiere pureza moral de sus hijos... ninguna contaminación de las influencias malas del mundo. El Corán debe ser estudiado, pues nos dice cómo vivir vidas rectas».
- **4 budistas:** «¿No deseas vivir una vida pacífica y tranquila? La contemplación serena puede comenzar en el centro de tu ser y con disciplina y práctica inundar tu cuerpo, tu mente y tu alma con paz, con inspiración, y con seguridad tranquila».
- **1 miembro de la Sociedad Humanista:** «¿Quién tiene tiempo para un bravucón como el Jehová del Antiguo Testamento o un pueblerino fracasado que los romanos del primer siglo martirizaron en la cruz? Confía en ti mismo, no en los hacedores religiosos de mitos... quienes son responsables de gran parte de la codicia y la miseria del mundo».
- **4 animistas... es decir, adoradores de muchos espíritus de la naturaleza:** «Debemos adorar las cosas vivas que vemos a nuestro alrededor, de no ser así, se voltearán en nuestra contra y en su enojo nos matarán a nosotros y a nuestros hijos. Así que alimentemos a estos espíritus y sacrifiquémonos para ellos».

TOMÁS CONOCE A DIOS

PERSONAJES
• Tomás • Ángel • Dios

TOMÁS: *(Toca y el ángel abre la puerta)* ¡Hola! Mi nombre es Tomás. Quisiera ver a la persona que está a cargo por favor.

ÁNGEL: Claro, pasa.

TOMÁS: Mira, sé que este tipo es muy importante, pero ¿crees que verá a alguien como yo?

ÁNGEL: Él ve a todos. Lo puedes ver cuando tú quieras.

TOMÁS: ¿Puedo verlo ahora?

ÁNGEL: Con mucho gusto, pasa adelante.

TOMÁS: ¿Ahora mismo?

ÁNGEL: Sí.

TOMÁS: *(Duda y después pasa lentamente)* Este…, perdón, mi nombre es Tomás, ¿me preguntaba si podía verte por unos minutos?

DIOS: Tengo todo el tiempo que necesites.

TOMÁS: Bueno, yo asisto a la secundaria y estoy un poco confundido acerca de lo que debo hacer. Un par de amigos dicen que tú me puedes ayudar, pero ellos parecen tan confundidos como yo. Para ser honesto, jamás me he sentido impresionado por tu trabajo. Digo, no me mal entiendas, mis amigos son muy buenos compañeros, tú sabes, y parece que les caigo bien, pero ellos no tienen todo resuelto tampoco. Roberto, uno de mis amigos, tiene un papá que es alcohólico, y los padres de otro se están divorciando. Lo extraño es que mis papás son a todo dar, realmente los amo, todo marcha de maravillas… excepto… excepto que no parece que le vea el propósito a la vida. A pesar de toda la basura que está sucediendo con mis amigos, ellos parecen estar realmente convenci dos que tú eres importante. Así que por eso estoy aquí. Pensé que podías darme algunos consejos. Me siento un poco perdido.

DIOS: Mi precio es un poco alto.

TOMÁS: Está bien porque mis papás hoy en día están muy bien económicamente, ¿cuánto es?

DIOS: Todo.

TOMÁS: ¿Todo?

DIOS: Sí, todo, absolutamente todo.

TOMÁS: Hmm, ¿no tienes un plan de pagos? ¿Qué hay de pagar poco a poco? ¿No es tu margen de ganancia un poco inadecuado?

DIOS: En realidad, mi costo es bastante alto. Pregúntale a mi Hijo.

TOMÁS: Bueno, esteee, yo creo que debo esperar un poco. Aprecio que te tomes el tiempo de hablar conmigo y estoy seguro de que vale la pena, pero a mi edad, es demasiado pronto para dar todo. Después de todo cuando eres joven es cuando las buenas cosas suceden. Y pienso que puedo obtener lo que estoy buscando por un precio mucho más barato.

DIOS: Ten cuidado, Tomás. El precio que puedes pagar de entrada podrá ser más barato, pero el costo a la larga será más alto de lo que anticipabas.

TOMÁS: Sí, claro. Bueno, qué gusto me dio hablar contigo, Dios. Quizás te veré más tarde algún día.

DIOS: No existen los «quizás». Te veré pronto Tomás.

FIN

¿Sacrificarme? ¿Yo?
¡DEBES ESTAR BROMEANDO!
Una interpretación de Romanos 12:1-2 para dos actores

1: Les ruego, cristianos, ya que Dios es tan misericordioso, que presenten sus cuerpos como un sacrificio vivo, santo y aceptable para Dios. Esta es la forma razonable de servir a Dios.

2: ¡Sacrificio! ¿Sacrificio? Cuando dices sacrificio, pienso en alguna tribu pagana en África y un cuerpo vivo recostado en un bloque, con fuego bajo este y el cuerpo quemándose como consagración para algún ídolo. ¿Quieres que me sacrifique? No gracias. Soy demasiado joven para morir.

1: ¿Quién dijo algo acerca de morir? Dios nos quiere vivos... un sacrificio vivo, que significa vivir para Dios, sirviéndolo y amándolo.

2: ¡Oh, eso suena un poco mejor! (Pausa) Pero no sé. Suena a que debo entregar mucho. Realmente disfruto mucho de la vida haciendo las cosas que quiero hacer. ¿Sabes a lo que me refiero?

1: Sí, sé a lo que te refieres. Pero el ser un sacrificio vivo significa un cambio de mente, ya no deseas hacer lo que tú quieres hacer, sino que quieres hacer lo que Dios quiere que hagas.

2: ¿Desear hacer lo que Dios desea que yo haga en vez de desear hacer lo que yo deseo hacer? Suena como trabalenguas. (Pausa) Además ya no quiero realmente hacer lo que yo quiero hacer. La mayoría de las veces quiero hacer lo que mis amigos quieren que yo haga.

1: ¿Conformidad?

2: ¿Eh?

1: Estás hablando de conformidad, ¿o no? Tu mente está puesta en conformarte con los valores de este mundo. ¿No es así?

2: Sí, así es. ¿Eh? Quiero decir, no, no es así. Digo… eso es lo que quiero decir, pero no está bien.

1: ¿Así que sí conoces la diferencia?

2: Por supuesto. Yo soy cristiano. Conozco lo que dice la Biblia: «No te conformes a este mundo». Pero es muy difícil no hacerlo. ¿Sabes a lo que me refiero?

¡Sacrificarme? ¿Yo? ¡Debes estar bromeando!—2

1: Claro, yo tengo el mismo problema.

2: ¿Tú también?

1: Todos los cristianos. La influencia del mundo es muy fuerte. Todo y todos nos animan a conformarnos. Esto decir, todos menos el Dios que nos formó. Él nos conoce tan bien que sabe que la conformidad no nos traerá la felicidad en nuestra vida cristiana. Por eso nos dice que no nos conformemos al mundo, sino que seamos transformados.

2: ¿Transformados? Esa es una palabra muy elegante que significa ser cambiados ¿o no?

1: Sí. Dios quiere que cambiemos y la única forma en que podemos cambiar y llegar a ser el sacrificio vivo que quiere es orientando nuestra mente hacia él. Cuando vemos a Dios en vez de ver al mundo, nuestro deseo se convierte en hacer la voluntad de Dios.

2: ¿Y la voluntad de Dios es que seamos sacrificios vivos?

1: Oye, tu entiendes las cosas muy rápido.

2: ¿Sabes? Cuando lo pienso, sería más fácil ser un sacrificio muerto.

1: ¿Cómo llegas a esa conclusión?

2: Bueno, solo tienes que morir una vez y se termina todo. Pero esto de ser un sacrificio vivo... es algo tan… tan….

1: ¿Constante?

2: ¡Exacto!

1: Pero es el único sacrificio aceptable para Dios.

2: Yo realmente deseo ofrecer un sacrificio aceptable para Dios.

1: Entonces, ¿lo harás?

2: Sí, viviré para Dios cada día de mi vida. Seré un sacrificio vivo, ya no me voy a conformar a este mundo sino seré transformado poniendo mi mente en Dios. Después de todo, esa es la forma razonable de servirle.

1: Y la única forma de probar lo que es la buena, aceptable y perfecta voluntad de Dios.

FIN

¡HÁBLAME!

ESCENA 1: SUPERFICIAL

CRISTY: Hola.

LIZ: Hola.

CRISTY: ¿Cómo te va?

LIZ: Pues bien, ¿y tú cómo estas?

CRISTY: Bien... ah... bonito día ¿no?

LIZ: Sí… realmente bonito.

CRISTY: Parece un buen día para ir a la playa.

LIZ: Sí, yo iba a decir lo mismo.

CRISTY: Oye, ¿ganó el equipo _____ ayer? (Menciona tu equipo favorito)

LIZ: Sí... cinco a tres. ¿No viste el partido?

CRISTY: No, mi televisión está dañada.

LIZ: Bueno... nos vemos después.

CRISTY: Está bien. Nos vemos (Sale)

ESCENA 2: CHISME

CRISTY: Hola.

LIZ: Hola. ¿Cómo te va?

CRISTY: Pues bien, aquí. ¿Y tú cómo estás?

LIZ: Bien... oye, ¿oíste lo que pasó con Jorge?

CRISTY: Jorge... ¿quieres decir Jorge E?

LIZ: Sí, ese Jorge.

CRISTY: No… ¿qué pasó?

LIZ: Bueno... no sé... y no lo repetiría porque prometí no decirle nada a nadie pero…

CRISTY: ¿Pero qué?

LIZ: Bueno, me tienes que prometer primero que no se lo vas a decir a nadie.

CRISTY: Está bien, te lo prometo de corazón. (Pone la mano en el corazón)

LIZ: Bueno, pues Bárbara me dijo que Jorge no va a regresar a la escuela.

CRISTY: ¿Por qué?

LIZ: Porque reprobó el semestre pasado. Al menos eso es lo que escuché.

CRISTY: Bueno, eso no es tan malo; puedo pensar en cosas peores que pudieron suceder.

LIZ: No, espera... hay más. Se fue porque embarazó a una chica.

CRISTY: Ya veo.

LIZ: Y la razón por la que la embarazó fue porque estaba en una fiesta tomando demasiado. Quiero decir que en realidad estaba embriagado y no pudo controlarse, y una cosa llevó a la otra y zaz... ahora ella está encinta.

CRISTY: ¡Estas bromeando!

LIZ: ¡Es en serio! ¡Y quizás la muchacha es una tonta! Es tan fea que le dicen E.T.

CRISTY: ¡Óyeme, qué mala suerte!

LIZ: Bueno, me tengo que ir… pero recuerda ¿eh? No le digas a nadie más sobre esto, ¿de acuerdo?

CRISTY: Oh, no, no lo haré, te lo prometo.

LIZ: Está bien. Nos vemos después. (Sale y entra Sharon)

CRISTY: Hola, ¿cómo estás?

SHARON: Bien. ¿Qué hay?

CRISTY: No mucho... Oye, ¿escuchaste lo de Jorge?

SHARON: No... ¿qué pasó?

CRISTY: Bueno, no lo vas a creer... pero debes prometerme que no le dirás a nadie... (Ambas salen)

ESCENA 3: OPINIÓN

CRISTY: Sé que estoy pasada de peso, debería ponerme a dieta.

LIZ: Sé cómo te sientes, yo subí 5 kilos después de la boda de mi hermana y me siento pésima.

SHARON: Bueno, yo sé todo acerca de ponerse en forma. Corro todos los días y sé que eso es lo mejor para mí. Sé que soy realmente saludable.

CRISTY: Desearía que hubiera alguna manera de poder estar más en forma. Quizás sí necesite algo de ejercicio.

SHARON: Intenta correr... es un excelente ejercicio aeróbico. Yo corro todos los días y me siento muy bien. En realidad tengo varios libros de expertos en eso... tú sabes, de autoridades en estos asuntos.

LIZ: Bueno, quizás lo que Cristy necesita ahora es un poco de seguridad en ella misma para ayudarla con su autoestima.

SHARON: Seguridad. Yo sé todo sobre eso. He corrido en dos maratones y en como 25 carreras en los últimos dos años. Requiere mucha confianza completar un maratón de más de 40 kilómetros, tú sabes. Y hasta lo hice en menos de cuatro horas. Fue una sensación increíble.

CRISTY: Wow. Jamás podría correr 40 kilómetros. No podría terminar ni una vuelta alrededor de la pista. Estoy fuera de entrenamiento.

SHARON: ¡Oye, yo sé todo acerca de entrenamientos! Fui a un campamento para corredores de una semana. Estuvo sensacional. Me levantaba a las 6:30 cada mañana para nuestros ejercicios matutinos. Después nos hablaban sobre cómo correr, la nutrición, psicología, lesiones, calentamiento y ejercicios. Fue fantástico.

LIZ: Bueno, Cristy, quizás deberías comenzar poco a poco, con algo como una clase de aeróbicos en la MICA. Ellos ofrecen todo tipo de clases para principiantes que te permiten estar en forma. Hasta tienen clases de natación.

SHARON: ¿Natación? ¡Excelente deporte! Recuerdo el año pasado cuando fui al triatlón. Tuvimos que nadar medio kilómetro la primera parte. Después andar en bicicleta dieciséis kilómetros y por último correr seis kilómetros. ¡Qué reto! Pero terminé en una hora y seis minutos.

CRISTY: Wow, tampoco puedo nadar. Creo que no puedo hacer nada. Ahora estoy deprimida... soy un desastre. Me siento como lo peor... vamos a comer pizza.

LIZ: Yo voy contigo. Te vez necesites compañía y ánimo. ¿Vienes Sharon?

SHARON: ¡Oh, no! Estoy en una dieta especial de entrenamiento para estar en forma en mi siguiente carrera la próxima semana, en la cual quiero establecer un nuevo record. Trato de mantenerme alejada de la comida chatarra. Tú eres lo que comes ¿sabes?

CRISTY Y LIZ: Está bien, nos vemos.

SHARON: Adiós. (Sobre su hombro mientras sale) Oigan, no se olviden de orar por mí durante mi carrera.

ESCENA 4: SENTIMENTAL

CRISTY: Bueno, hemos estado en este retiro ya hace un tiempo. ¿Qué te parece?

LIZ: Bueno, para ser honesta, al principio me asusté.

SHARON: ¿Por qué?

LIZ: Es que pensé que todos se conocían, y me sentía como si hubiera sido la única que venía sola.

CRISTY: ¿De verdad?

LIZ: Sí. Estaba a punto de regresarme a mi casa anoche... me sentía fuera de lugar.

SHARON: Sí... creo que entiendo cómo te sientes. Me acuerdo que en mi primer retiro me pasó algo así. Apenas había entrado a la secundaria. No conocía a nadie y no sé ni cómo fui. Me tomó mucho tiempo el sincerarme con la gente.

CRISTY: Sí. Date un poco de tiempo. Pienso que el hablar de cómo te sientes te ayuda también. Sé que si no dejo que la gente sepa cómo me siento a veces, jamás lo sabrán. Quizás alguien espera que sepan cómo se siente... pero los demás no pueden leernos la mente.

SHARON: Así es... yo también. Pienso que soy más honesta conmigo misma si permito que la gente sepa cómo me siento. Muchas veces es difícil porque jamás sé cómo reaccionará la otra persona, si va a ser sincera y si me va a escuchar realmente.

LIZ: ¿Quieres decir que tienes miedo a que te rechacen y piensen que eres rara o algo?

SHARON: Así es.

CRISTY: Sé lo que quieres decir. ¿Por qué nos tratamos así los unos a los otros? Estoy segura de que yo he herido a algunas personas cuando debí de haber dedicado un tiempo para escucharlos. (Pausa)

LIZ: (Al público) ¿Sientes que realmente te estamos escuchando? ¿Que estamos tratando de entenderte? ¿Cómo te sientes con este retiro hasta ahora?

FIN

MISIONES MICROCÓSMICAS

En una mesa pequeña sobre la plataforma cuatro conferencistas se sientan con micrófonos. Mantienen una conversación similar a la de abajo.

JASMÍN: Todos ustedes tienen una copia del presupuesto y los proyectos para el próximo año. ¿Qué piensan?

RODRIGO: ¡Es lo mismo del año pasado! ¡Todos nuestros costos han subido! ¡Y necesitamos enviar a más personas! ¿Cómo podemos mantener las mismas cifras que el año pasado?

ABBY: Tiene razón. El transporte, la impresión, el equipo, todo ha subido mucho desde el año pasado. Y el costo de la comida ha subido de forma impresionante en las Filipinas por la sequía. ¿Cómo podemos esperar que nuestros misioneros sobrevivan así? ¡Y aun expandir sus ministerios!

JASMÍN: Todos ustedes saben que hemos tenido problemas con el presupuesto durante los últimos años. Si el dinero no entra no podemos gastarlo. Ha sido un paso de fe el tener este presupuesto, sin embargo confiamos en que Dios suplirá. Pero esto conllevará sacrificio.

DIEGO: La gente en nuestras iglesias ofrendan para las misiones y Dios ha bendecido nuestro trabajo hasta ahora. Pero algunos no ven a las misiones como algo muy importante.

RODRIGO: ¿Es que no ven la necesidad? ¿No entienden el número de almas perdidas allá?

DIEGO: Bueno, probablemente no. Tratamos de educar lo mejor posible a las iglesias, pero recuerda, la mayoría de ellos no han sido expuestos a las misiones que tenemos en otros lados del mundo. La mayoría no se dan cuenta de cuántos se pierden.

JASMÍN: Y encima de eso, algunos dudan en dar a las misiones porque piensan que el dinero no les alcanza.

Misiones Microcósmicas—2

DIEGO: O quizás piensan que ya tenemos suficientes misioneros ahora.

ABBY: Suficientes misioneros... suficientes misioneros. Hmmm... Jesús dijo: «La cosecha está lista pero los trabajadores son pocos». Supongo que eso es verdad hoy en día.

RODRIGO: ¡En Bogotá tenemos a ocho familias misioneras en una ciudad de casi tres millones de habitantes! ¡Contamos con solo dos misioneros en Bombay y 18 en toda Rusia! Aun con los pastores y evangelistas nacionales, es un trabajo gigante. Hay tanta gente...

ABBY: Y tantas fuerzas en contra nuestra: paganismo, ocultismo...

JASMÍN: Dios nos ha llamado a una tarea difícil, no existe duda alguna. Pero él también nos ha prometido equiparnos para esa tarea. Nada es imposible cuando estamos dentro de la voluntad de Dios.

ABBY: Así es.

RODRIGO: Desearía que la gente dejara de ver a las misiones como una cosa extra... o como algo para que alguien más lo haga. Jesús nos dijo que fuéramos. Si no podemos hacerlo nosotros mismos, al menos podemos apoyar a aquellos que van.

DIEGO: Bueno, Jesús también nos dijo que oráramos para que Dios enviara obreros a la mies. Vamos a orar para que el Espíritu Santo trabaje en las iglesias. Él puede convencer a la gente de las necesidades mucho mejor que nosotros. Si él lo hace, y la gente escucha, podremos expandir la obra.

FIN

Todos deben moverse en silencio por toda la congregación, distribuyendo su literatura religiosa, diciendo brevemente su dogma de fe (antes descrito), y pidiéndole a la gente si desearían seguir a Buda, a Alá, al sol, etc.

Cuando terminen los actores en el escenario, los «misioneros» del mundo se acercan al frente, se paran en línea y se presentan a ellos mismos con una repetición final de sus dogmas (arriba mencionados). Después puedes explicar a la congregación que el número de estos «misioneros» es apenas proporcional a las religiones que propagan. Los cristianos en realidad son propasados 14 a 1.

David Farnum

RENTA A UN CRISTIANO

El drama en la página 73 puede ser usado efectivamente para iniciar una buena discusión acerca de cómo debe ser un cristiano real. Siéntete libre de adaptar el guión o añadir otro «modelo» de cristiano según lo necesites. Adapta cada personaje apropiadamente

¡TIRA ESA OBRA!

Este es un drama divertido (página 74) que ayudará a los jóvenes a entender mejor el concepto de la gracia y la fe en Cristo. Acomódalo como un programa de televisión de concursos. *Esther Hetrick*

CRUCES DE DISEÑO

El drama de sermones sobre discipulado (página 76) en la forma de un desfile de modas, requiere cierta preparación. Aunque en este drama se necesita que los papeles sean actuados por mujeres, ajústalo en la forma que desees para que se acomode al tamaño y la personalidad de tu grupo. Las modelos deben vestirse y caminar como si fueran modelos de verdad y sus ropas deben sugerir lo que representan.

Mindy Kiser, Heidi Folkertsma y Gary Lowe

TOMA TU CRUZ

Este drama (página 78) en seis escenas puede abarcar el programa de toda una noche. Permite suficiente preparación para memorizar el guión, ensayar y hacer la utilería. *James L. Wing*

¡HOLA, SOY HABACUC!

Este drama basado en la pequeña profecía de Habacuc, un libro fascinante que en realidad es muy relevante para los estudiantes hoy en día, abre una discusión sobre la fe y el cuestionar a Dios. Se encuentra en la página 83. *Lisa Andersen*

EL RAP DEL SAMARITANO

La historia del Nuevo Testamento en rap aparece en la página 85. Es especialmente apropiada para sermones de niños, representados por ti o tus alumnos con el acompañamiento de una pista de rap, o por un par de personas que puedan vocalizar al ritmo del rap. *Lyn Wargny*

¡CULPABLE!

Cristo pagó el precio por nuestros pecados, este drama lo ilustra (página 87). *Rob Peterson*

GUILLERMO EL PRÓDIGO

Los actores en tu grupo pueden leer o memorizar el guión de esta graciosa parábola del hijo pródigo (página 88). Aun el público se involucra cuando el narrador muestra varios anuncios. *Kyle Goodsey*

Renta a un Cristiano

PERSONAJES
• Narrador • Vendedor • Comprador • 4 cristianos «modelos»

NARRADOR: Escoger significa elegir, preferir, decidir. Significa hacer esas selecciones y decisiones que necesitan ser hechas... como ¿qué harás con tu vida? Tenemos muchas decisiones delante de nosotros así como este comprador.

VENDEDOR: Bienvenido a nuestro salón de demostración de Rente a un cristiano. Tenemos una selección muy amplia para elegir. ¡Y a todos los precios razonables! Sí, pase por aquí por favor. Comenzaremos con el modelo #6052, al que le llamamos orgullosamente nuestro modelo N. P., «Navidad y Pascua». Este modelo dura mucho tiempo porque solo se usa dos veces al año. En estas ocasiones importantes cuando necesite estar en la iglesia, mande al modelo N. P. en su lugar. Viene en todas las edades, estilos y colores.

COMPRADOR: Hmmmm. Muy bonito, pero estaba pensando en algo que pueda usar más seguido.

VENDEDOR: Claro. Entonces veamos el modelo #0411, nuestro modelo «Te Ves Muy Bien». Hecho con materiales baratos, este modelo está diseñado especialmente para los domingos... tiene la capacidad de aguantar la Escuela Dominical, el servicio de la iglesia y el servicio de adoración por la noche sin problemas. No funciona bien durante la semana, pero nuestros clientes han estado muy contentos con su actuación durante los domingos.

COMPRADOR: Tiene usted algo un poco más... este... ¿conveniente? Quiero decir, no estoy seguro de si quiero estar atado cada domingo.

VENDEDOR: ¡Sé exactamente lo que necesita! Pase por aquí... este es el #1553, un modelo muy popular. Lo llamamos «Acierta y Falla». Este modelo puede decir y hacer lo correcto en la mayoría de las ocasiones. Creció en la iglesia así que tiene un buen trasfondo, pero no siempre es predecible. Podrá o no aparecer cada semana, pero por lo general da una buena impresión y a todos les cae bien. También viene con una característica especial: Puede crear la excusa perfecta para cualquier cosa en 30 segundos... ¡Algo muy popular!

COMPRADOR: Sí, eso sería bueno. Pero, ¿cuál es aquél de la esquina?

VENDEDOR: Ahh... bueno, ese. Probablemente no estará interesado en el #0012, ya que es una clase muy rara. Algunos lo llaman «El Genuino». Está involucrado profundamente con la vida de la iglesia, pero aun más involucrado en vivir sus convicciones en una forma cotidiana. No siempre se relaciona bien con los demás, porque tiende a sobresalir por sus peculiaridades, pero se puede contar con él siempre por su firmeza y dedicación. Este es muy difícil de encontrar... debemos de ordenarlo especialmente según el pedido y cuesta mucho más que los otros.

COMPRADOR: Ya veo. Tiene usted una amplia selección aquí.

VENDEDOR: Debo decirle que debido a la naturaleza de nuestros productos lamentamos no poder ofrecerle una garantía, ya que no sabemos cuando llegue «su turno», por decirlo así. ¿Ha escogido el modelo que le gusta?

COMPRADOR: Dios mío, no puedo decidir. Es una decisión difícil... (Salen caminando juntos)

FIN

¡TIRA ESA OBRA!

PERSONAJES
- Wanda Blancocorazón (anunciadora) • Wendy Buendeseo (anfitriona)
- Lorenzo Vivebién (concursante 1) • Becky Sebuena (concursante 2)

WANDA: Bienvenidos a «Tira esa obra» el concurso de televisión en el que los concursantes compiten por la obra más impresionante que les hará ganar un boleto sencillo al paraíso. Y ahora, aquí está su anfitriona: ¡Weeeeeeeeeeeeeendy Buendeseo!

WENDY: ¡Gracias, damas y caballeros! ¡Qué programa tenemos el día de hoy! Permítanme presentarles a nuestros dos concursantes de hoy. Démosles una cálida bienvenida a... Lorenzo Vivebién y Becky Sebuena. (Aplausos) Antes de comenzar, aquí tenemos a Wanda Blancocorazón, que nos dirá acerca del premio al primer lugar.

WANDA: Gracias Wendy. El ganador de «Tira esa obra» de esta semana ganará un maravilloso viaje. Primero, nuestro ganador volará a los amigables cielos por la línea aérea Ángeles del Norte hasta que él o ella lleguen a las puertas de perlas, y después él o ella caminarán por las calles de oro y se quedarán en el Hilton en el tope de la montaña. ¡Una mansión construida para ti! ¡Así es, nuestro ganador recibirá un viaje de ida al cielo! (Este viaje ha sido provisto por Los Ejércitos de los Cielos, Cía. ¿Has visitado lo mejor construido en el cielo últimamente?) Regresamos contigo Wendy.

WENDY: Gracias Wanda. Lorenzo, comenzamos contigo. ¿Qué obra fantástica has hecho que puedas compartir con nosotros?

(En este punto los concursantes van y vienen tratando de mejorar la obra del otro. Wendy puede exclamar ocasionalmente «Qué bien...» o «¡Inspirador!» y el público debe ser animado a involucrarse aplaudiendo para elegir a uno de los dos. Los concursantes pueden decir su propia lista de obras preparadas con anticipación, mientras más ridículas, mejor. Aquí hay algunas sugerencias:

- *«Le di aventón a dos muchachos cuando iba a trabajar... ¡y no estaban tan limpios que digamos! Eso hizo que llegara cinco minutos tarde a trabajar».*

- *«Compré una calcomanía para mi carro. Dice: Toca ocho veces si conoces a Jesús. Eso es un testimonio donde quiera que vaya».*

- *«Fui con mi grupo de jóvenes a McDonald's... todos usamos nuestras camisetas cristianas. Hablando de evangelismo a gran escala ¿eh?».*

• *«Memoricé los pasos de salvación. La próxima vez que alguien llegue y me pregunte: "¿Qué debo hacer para ser salvo?", estaré listo».*

Conforme el programa sigue, los concursantes son cada vez más rudos el uno hacia el otro, hasta que Wendy pone un alto)

WENDY: Odio detenerlos, apenas y nos estamos calentando, pero se nos está acabando el tiempo. Le daremos a los jueces un momento para elegir al ganador, y mientras hacen eso, quiero aprovechar esta oportunidad para agradecer a nuestros concursantes por haber estado en el programa y desearles a ambos lo mejor. Ah, los jueces han llegado a un veredicto. (Toma un sobre) Y el ganador es... Amigos, esto jamás ha sucedido antes...¡tenemos un empate! Dejen leer la puntuación: Lorenzo Vivebién... cero; Becky Sebuena... cero. (Todos se quedan atónitos)

VOZ: «Porque por gracia ustedes han sido salvados mediante la fe; esto no procede de ustedes, sino que es el regalo de Dios, no por obras, para que nadie se jacte». (Efesios 2:8-9)

FIN

Cruces De Diseño

PERSONAJES

- 2 comentaristas
- 5 modelos
- 5 cruces, echas de cartón grueso
- «Cruz cómoda», acolchonada y cubierta con tela azul y blanca
- «Cruz de Navidad y Pascua», con una flor de pascua de satín y una margarita de seda
- «Cruz móvil», pintada de gris y cubiertas con joyas de plástico y vidrio, con tarjetas de crédito y calcomanías de BMW, etc.
- «Cruz de crisis», una pequeña cruz de bolsillo
- «Cruz original», una cruz de madera grande y áspera; su modelo debe ser alguien que se vista como un obrero, una persona que sirva, no que supervise… vestido con ropa de trabajo.

COMENTARISTA 1: Damas y caballeros, admiradores de la alta costura, deseamos darles la bienvenida al primer desfile del año de esta línea de cruces de diseño. Nosotros entendemos que algunos de ustedes no conocen nuestra línea especializada de cruces, así que permítanme describirles nuestro producto. Deseamos que ustedes compartan nuestro entusiasmo por cómo nosotros vestimos a la comunidad cristiana.

COMENTARISTA 2: Las cruces de diseño son cruces especialmente diseñadas para el cristiano que quiere hacer una declaración de fe… sin ofender a nadie, claro está, y sin darle a los vecinos una razón para pensar que somos muy fanáticos o radicales. Somos una compañía antigua, abrimos nuestra primera tienda en el siglo I en la salvaje, loca y divertida ciudad de Corinto. Nuestro negocio ha florecido desde entonces… con excepción de aquellas recesiones ocasionales cuando los cristianos son llamados al avivamiento espiritual basándose en vivir su fe en palabra y obra. Las ventas sufren en esas ocasiones pero solo es temporalmente. Siempre hemos resurgido rápidamente de tales contratiempos y actualmente estamos en alza en el negocio, especialmente con la generación actual.

Pero ya es suficiente con nuestra historia. Veamos la línea de este año de cruces de diseño.

COMENTARISTA 1: Nuestra primera cruz de esta noche fue la de mayor venta durante los años ochenta y todavía es la más popular… se trata de nuestra «Cruz móvil». Modelando nuestra cruz el día de hoy tenemos a Gloria Bien Hueca de Las Vegas. La «Cruz móvil» es muy atractiva para aquella parte del cristiano que llevamos dentro de cada uno de nosotros que le gusta estar a la moda. Si la iglesia es el mejor lugar para ser visto en la ciudad, entonces esta cruz es para ti. Está elegantemente decorada con símbolos de poder y control… una cruz que permite que tus amigos mundanos sepan que estás bien después de todo. Con esta cruz jamás tendrás que pensar en tu fe o ser molestado por las necesidades de otros a tu alrededor. Gracias Gloria.

COMENTARISTA 2: Nuestra segunda cruz es la siempre popular «Cruz cómoda». Modelando esta cruz tenemos a Wendy Corro Elriesgo. Ella nos muestra una cruz para el cristiano que busca una fe cómoda. Si estás anhelando el no tener retos, ni desilusiones, la «Cruz cómo-

da» es para ti. Bonita y acolchonada, esta cruz protege a su dueño de cualquier problema en el mundo… especialmente de aquellas tensiones que son parte de ser un cristiano en un mundo caído. ¿Deseas vivir tu fe en una burbuja placentera y protegida? Ordena esta cruz hoy mismo. Gracias Wendy.

COMENTARISTA 1: Aquí tenemos al Señor Aveces Lovemos modelando nuestra tradicional «Cruz de Navidad y Pascua». Aunque el segmento del mercado que tradicionalmente compra esta cruz de diseño no está aquí en esta noche, pensamos en darles una presentación de ella de cualquier forma. Nota el toque de la temporada, gracias a la margarita de seda y a la flor de pascua de satín.

COMENTARISTA 2: Ahora presentamos la nueva «Cruz de crisis» de bolsillo, modelada por Tina Observa Problemas. La «Cruz de crisis» es excepcionalmente popular entre los estudiantes en tiempos de exámenes, entre los conductores que siempre les pegan a las defensas de los carros, los soldados que se encuentran en las trincheras, los que conducen canoas en aguas turbulentas y pierden los remos en los rápidos de quinta clase y por los niños que se pierden en los centros comerciales. La popularidad de esta cruz se debe a su tamaño miniatura… puede ser escondida hasta que llegue la crisis, hasta que necesites una intervención divina. Hasta entonces, mientras tu vida transcurre sin dificultades, la «Cruz de crisis» puede descansar segura en tu bolsillo. Nadie jamás sospechará que tienes una. Gracias Tina.

COMENTARISTA 1: Nuestro último diseño de cruz de esta noche no se vende muy bien que digamos, no parece muy popular… pensamos mostrarla para que todos nuestros diseñadores de cruces le dieran un vistazo al prototipo, se trata de la «Cruz original». Por supuesto, como ustedes han visto en esta noche, la hemos mejorado inmensamente a través de los años. No recibimos muchos pedidos. En realidad, nuestra agencia de publicidad nos está obligando a eliminar esta cruz. Después de un exhaustivo estudio de mercadeo, ellos han llegado a la conclusión de que esta cruz simplemente no satisface una cultura individualista.

Esto sin mencionar las demandas que esta cruz ejerce sobre sus dueños. Esta cruz requiere que sus dueños se nieguen a sí mismos, se sacrifiquen por los demás, sirvan a otros y a sus necesidades, amen a sus enemigos, hablen y vivan nada más que la verdad, caminen la segunda milla por otros, sean profundamente leales y fieles a cualquier costo a Aquel que primero llevó esta cruz.

COMENTARISTA 2: Algunos críticos de moda han señalado que, aunque no es tan deslumbrante como nuestras cruces de diseño, sí tiene líneas sencillas y lleva una declaración clara. Y no podemos negar eso, aunque son pocas las ventas, la satisfacción de los clientes es fenomenal. Las pocas personas que poseen una de estas cruces nos hablan del contentamiento profundo que esta cruz, junto con sus demandas, trajo a sus vidas. En la opinión de algunas personas, la garantía compensa su sencillez. Aunque la mayoría de nuestras cruces más vendidas vienen con una garantía de un año —y muy pocas con una garantía de por vida— la cruz original viene con una garantía eterna.

Entonces, ¿qué cruz te llevarás hoy? Esperamos que consideres comprar de la prestigiosa línea de cruces de diseño.

FIN

Toma Tu Cruz

PERSONAJES
• Narrador • Carla • Samy Habilidoso • Simón • Manuel • Tomás
• Julia • Jenny • 3 ó 4 adolescentes

NARRADOR: Es bastante fácil ser cristiano… al menos es fácil decir que eres un cristiano cuando es conveniente. Los cristianos no tienen anuncios alrededor de sus cuellos que publiquen su fe. Pero piensa en las palabras de Cristo en Marcos 8:34: «Entonces llamó a la multitud y a sus discípulos. —Si alguien quiere ser mi discípulo —les dijo—, que se niegue a sí mismo, lleve su cruz y me siga». ¿Qué sucedería si a los cristianos se les requiriera cargar cruces como símbolos obligatorios de su fe?

ESCENA 1

Dentro de Cruces en Abundancia, una pequeña tienda en un centro comercial que vende toda variedad de cruces. Detrás del mostrador se encuentra un vendedor. Carla, una nueva cristiana entra a la tienda.

SAMY HABILIDOSO: Hola. Pase, pase. ¿Cómo puedo ayudarla?

CARLA: *(Con entusiasmo)* Me acabo de hacer cristiana, y me gustaría obtener una cruz.

HABILIDOSO: Bueno, ha llegado al lugar correcto. Mi nombre es Samy Habilidoso, pero me puede llamar «S». *(Haciendo un sonido como el de una serpiente)* Soy su amigo… y sé lo que necesita.

CARLA: ¡Grandioso!

HABILIDOSO: *(Sacando una cruz de oro muy grande)* Estamos en medio de unas 24 horas de ofertas, y por solo $24.95 se puede ir a casa con esta cruz puesta, la cual es de 24 quilates de oro. Hasta le regalamos la cadena.

CARLA: *(Dudando)* Bueno… esto no es exactamente lo que yo estaba buscando.

HABILIDOSO: Entiendo. Es muy grande. Creo que sé exactamente cómo se siente. *(Saca una cruz pequeña)* Escuche, aquí hay una que puedo dársela en $19.95. La cadena es aparte, pero le doy buen precio.

CARLA: *(Moviendo su cabeza, tratando de ser cortés)* No… no creo que…

HABILIDOSO: Está bien. Le incluyo la cadena, pero esta oferta es solo por hoy.

CARLA: No, mire usted, estoy buscando algo más grande.

HABILIDOSO: ¡Ya le entendí! *(Saca de detrás del mostrador una enorme cruz con colores brillantes y chillones)* Este estilo es muy popular, pero por supuesto es un poco más cara.

CARLA: Quizás usted no me entiende. Creo que no es el tamaño de la cruz tanto como… Bueno, cuando mis amigos se hicieron cristianos, ellos llevaban unas cruces grandes, pero eran cruces de madera sencillas, sin pintar. Yo pensaba que ellos estaban locos, pero ahora creo que ya entendí. ¿Tiene usted algo así? ¿Quizás de este tamaño? *(Le indica el tamaño)*

HABILIDOSO: ¿Sabe? Teníamos de esas antes, pero se vendían tan poco que descontinué ese modelo. Casi nadie quiere comprarlas. La mayoría de la gente las renta… para esas ocasiones especiales cuando necesitan desempeñar cierto papel, y después las regresan.

CARLA: ¿Puede decirme en que tienda las venden?

HABILIDOSO: *(Se detiene un momento, se le queda mirando a Carla cuidadosamente mientras juega con su cadena)* Bueno, creo que no debería hacer esto, pero usted parece ser una persona decidida. Le haré un mapa. Aquí es donde puede encontrarlas. *(Rápidamente hace un dibujo de un mapa en un papel)* Se llama La Tienda de la Cruz, está en la esquina de la Quinta y la Principal. El tipo no tiene muchas ventas, pero quizás tenga lo que está buscando.

CARLA: ¡Gracias! *(Sale pasando por el lado a otras dos personas que entran a la tienda)*

HABILIDOSO: Hola. Pasen, pasen. ¿Cómo puedo ayudarles? *(Se apagan las luces)*

ESCENA 2

La Tienda de la Cruz. Un mostrador con una fila de cruces de un solo tipo grandes y de madera. Un vendedor detrás del mostrador.

SIMÓN: Hola. Mi nombre es Simón. ¿Puedo ayudarle?

CARLA: Mi nombre es Carla y me acabo de hacer cristiana. Me gustaría comprar una cruz. *(Observa las cruces en el mostrador)* Estas son perfectas... son exactamente lo que estaba buscando.

SIMÓN: ¿Está segura de que esto era lo que buscaba?

CARLA: Seguro que sí. Cuando conocí a Jesús, me dijeron que la cruz de Cristo me traería pruebas y tribulaciones, así como un gran gozo. Pero yo sé que Dios me dará la fuerza que necesito y que jamás me dejará.

SIMÓN: Parece que usted es una joven decidida. ¿Es esta la que quiere? *(Carla asiente con la cabeza y Simón le da la cruz)* Aquí tiene.

CARLA: ¿Cuánto le debo?

SIMÓN: Nada.

CARLA: ¿Nada?

SIMÓN: Nada, al menos por ahora.

CARLA: Pero acabo de estar en la tienda de Cruces en Abundancia y el Señor Habilidoso me dijo que...

SIMÓN: Ya lo sé. Algunas personas piensan que pueden comprar su salvación de esa manera. Se equivocan. Usted comienza a pagar cuando la cargue fuera de aquí.

CARLA: Gracias, Simón. Por cierto, ¿cómo se involucró usted con este tipo de trabajo?

SIMÓN: Mi familia ha tenido este negocio por mucho tiempo. Un antepasado mío —cuyo nombre llevo yo— abrió su primera tienda en Cirene. Su primera cruz se parecía mucho a la que lleva usted. *(Si la instrucción bíblica no es la fortaleza de tu grupo, en este momento Simón puede leer Mateo 27:32: «Al salir encontraron a un hombre de Cirene que se llamaba Simón, y lo obligaron a llevar la cruz»)*

CARLA: *(Pensando)* Muchas gracias Simón. *(Sale y se apagan las luces)*

ESCENA 3

Pasillo de la escuela, de trasfondo unos casilleros. Estudiantes en el descanso. Un grupo de tres o cuatro adolescentes entran en el escenario del lado derecho cargando libros, charlando, riendo, etc. Caminan atravesando el escenario y salen por el lado izquierdo, mientras que Julia y Jenny entran por el mismo lado.

JULIA: *(Entusiasta)* ¿No es emocionante? ¡Mañana es el último día de clases!

JENNY: Sí, apenas puedo esperar. Me la voy a pasar de fiesta este verano. Oye, me gusta tu blusa.

JULIA: Gracias. Me la compré anoche. Oye, ¿te llamó David anoche? Karen me dijo que iba a... (*Mateo y Tomás entran e interrumpen*)

TOMÁS: Oigan, ¡no hablen de la gran fiesta de esta noche sin incluirnos! Qué tal, ¿cómo están?

JULIA: Pues aquí. Hablando de la fiesta... (*Empuja a Tomás jugando*) ¿Ya oyeron que Carla se hizo cristiana? No puedo creer que alguien que vivió como ella pueda ser lo suficientemente buena como para ir a nuestra iglesia.

MANUEL: He escuchado que ha tomado esto muy en serio. Uno de mis amigos la vio en la Tienda de la Cruz. ¿Qué creen que hizo? Primero Carla...

TOMÁS: (*Interrumpiendo*) ¡Shh! Ahí viene. (*El grupo de adolescentes aparenta estar hablando de otra cosa*)

CARLA: (*Entra con su gran cruz*) Hola a todos. Creo que ya saben que me he convertido en cristiana.

JULIA: Sí ¡Qué bien! (*Se escucha el pensamiento de Julia a través de una voz fuera del escenario*) No puedo creer que esté cargando esa cruz tan fea.

TOMÁS: Estamos muy contentos por ti. (*Se escucha el pensamiento de Tomás con una voz fuera del escenario*) Tengo que irme de aquí antes de que todos me vean con ella y se burlen de mí.

MANUEL: Tienes que venir al grupo de jóvenes de la iglesia. (*Se escucha una voz fuera del escenario*) Espero que decida ir a una iglesia distinta.

JENNY: Escuché la mala noticia acerca de Carlos. Debió de haber sido muy difícil terminar con él porque no es cristiano. (*Se escucha una voz fuera del escenario*) Quizás ahora él me invite a salir.

CARLA: Sí, fue muy difícil. Pero fue lo mejor. Espero que él también sea cristiano. Quizás ustedes le puedan testificar.

TODOS: Claro, claro. (*Se escucha una voz fuera del escenario*) De ninguna manera. Nos sentiríamos como unos tontos.

CARLA: Hablando de testificar, ¿dónde están sus cruces? (*Todos muestran unas cruces pequeñas, las sacan de lugares escondidos... a excepción de Manuel que sigue buscándola por unos momentos, y finalmente se rinde y deja de buscarla*) Qué bonitas... pero ¿no es difícil que la gente las vea?

JULIA: Bueno... puede ser... pero si la gente mira bien, las podrán ver.

TOMÁS: Además, no queremos que la gente se lleve una mala impresión.

MANUEL: Cuando nos hicimos cristianos por primera vez, todos teníamos cruces como la tuya Carla. Pero era muy difícil compartirle a nuestros amigos porque esas enormes cruces los irritaban mucho. Nuestros amigos nos evadían... o se burlaban de nosotros.

JENNY: O las dos cosas.

TOMÁS: De esta manera, si no deseamos que algunas personas sepan que nosotros somos... bueno, es porque podemos compartir nuestra fe cuando lo deseemos... tú sabes, cuando sea el momento correcto. (*Todos menos Carla asienten con la cabeza de mutuo acuerdo. La campana suena y todos corren dejando a Carla parada sola y confundida. Se apagan las luces*)

ESCENA 4

Un gran cartelón de trasfondo que dice FIESTA, con una flecha apuntando fuera del escenario, a la derecha. Un cartelón más pequeño que dice ESTACIONE SUS CRUCES POR $0.50. Manuel, Tomás, Julia y Jenny entran del lado izquierdo del escenario y se paran en medio.

TOMÁS: (*A Manuel*) Oye, se ve tu cruz.

MANUEL: Ah, gracias. Se me había olvidado. (*Se mete la cadena dentro de su camisa*)

CARLA: (*Se acerca con su gran cruz*) ¡Hola amigos!

JULIA: Mira Carla, ¿por qué no dejas tu cruz afuera antes de que entremos a la fiesta? Se vería... este... mucho mejor.

CARLA: ¿Qué quieres decir?

JULIA: Bueno, quizás podamos tomar algo... tú sabes, alcohol, o puede que haya alguna otra cosa...

CARLA: Quieren decir que ustedes van a...

JENNY: Solo vamos a divertirnos en la fiesta. Todos nuestros amigos están ahí. Esa cosa (*señalando a la cruz*) puede molestar a algunas personas. Puede intervenir en algunas cosas. (*Otro adolescente, con una cruz como la de Carla, entra por el lado izquierdo del escenario, estaciona su cruz bajo el anuncio que dice: ESTACIONE SU CRUZ POR $0.50, y después sale por el lado derecho hacia la fiesta*)

TOMÁS: No es tan difícil de hacer Carla. Piénsalo. (*Todos menos Carla se van hacia la fiesta*)

CARLA: (*Pensando en voz alta*) Pero ¿no debería ser esto algo difícil de hacer? (*Se apagan las luces*)

ESCENA 5

Al día siguiente, en un restaurante mexicano. Manuel, Tomás, Julia y Jenny sentados alrededor de una mesa esperando a que el mesero traiga su comida. Tomás está jugando con las salsas. Julia tiene una pistola de agua.

JULIA: Estuvo increíble la fiesta anoche ¿no?

JENNY: ¡Estuvo genial! (*A Manuel*) Oye, ¿qué te pasa?

JULIA: Creo que comió demasiada salsa picante. ¡Esto te ayudará! (*Saca su pistola de agua y le dispara. Todos se ríen... excepto Manuel*)

JENNY: ¿Qué te sucede? ¿Aún estás preocupado por la graduación? Escuché que el examen del profesor Sánchez estuvo muy difícil.

MANUEL: No, no es eso. Es solo que... bueno, estoy pensando en regresar a la vieja cruz.

TOMÁS: ¿Qué? ¿Esa cosa enorme de madera dura? No juegues, has estado estudiando demasiado. Creo que se te quemó el cerebro.

MANUEL: No, es en serio. He estado pensando mucho en ello últimamente.

JULIA: No nos puedes hacer esto. Tenemos un gran verano por delante los cuatro.

TOMÁS: No tenemos lugar para esa cruz, y además... ahh, ya entiendo. Solo la cargarás a la iglesia y al grupo de jóvenes, ¿verdad?

MANUEL: No, la quiero conmigo todo el tiempo. Sé que interferirá, pero lo tengo que hacer. He observado a Carla en estos días. Me recordó cómo eran las cosas antes para mí. Cuando me hice cristiano por primera vez me sentía orgulloso de cargar mi cruz por todos lados. No podía dejar de leer mi Biblia. No dejaba de hablarles a mis amigos sobre Jesús.

JENNY: Pero tenemos nuestras cruces. Solo que son más convenientes que el modelo grande, y cumplen la misma función.

MANUEL: ¿Ah sí? ¿Cuándo fue la última vez que alguien notó tu cruz Jenny? ¿Cuándo fue la última vez que alguno de nosotros le explicó a alguien lo que significaba la cruz?

JULIA: Pero Jesús jamás dijo que la cruz tenía que ser grande.

MANUEL: Sí, pero la cruz que Jesús cargó y en la que fue crucificado no era de oro. No podía usarse en el cuello. Era pesada y tenía astillas. Le causó dolor. Le costaba trabajo cargarla. Creo que debería de ser igual con nosotros.

TOMÁS: Creo que tu cerebro se te quemó. (*Las muchachas se ríen y asienten con la cabeza confirmando que están de acuerdo. Se apagan las luces*)

ESCENA 6

Pasillo de la escuela al día siguiente. Manuel, Tomás, Julia y Jenny entran el escenario del lado derecho conversando. Cuando Manuel ve a Carla entrando al escenario por el lado izquierdo —cargando su cruz grande— deja a los otros tres para caminar con ella. Los otros tres siguen caminando y salen del escenario por el lado izquierdo.

MANUEL: ¡Carla! Estoy contento de verte. Tengo algo que decirte.

CARLA: ¿Qué es?

MANUEL: (*Tomando aire*) He decidido tomar la cruz que usaba cuando me hice cristiano por primera vez.

CARLA: No entiendo.

MANUEL: Me recuerdas como solía ser yo mismo cuando por primera vez conocí a Cristo. No me avergonzaba de mi fe, adonde fuera, no importaba con quién estuviera. Quiero eso de nuevo... gracias a ti Carla.

CARLA: Yo... yo no sé qué decir. Digo... he estado pensando mucho. Por eso llegué tarde a la primera clase hoy. Me preguntaba si valía la pena llevar esta cruz. Pero decidí seguirla cargando.

MANUEL: ¿Por qué?

CARLA: Recordaba algo que Simón, ese hombre que me vendió la cruz, me dijo.

Él dijo algo que algún misionero una vez dijo: «No es tonto el que da lo que no puede guardar para ganar lo que no puede perder».

MANUEL: Qué bueno que no te rendiste Carla. (*Suena la campana*)

CARLA: ¿Te veo el domingo en el grupo de jóvenes?

MANUEL: ¡No me lo pierdo por nada! (*Comienza a caminar pero se detiene al escuchar lo que Carla le dice*)

CARLA: Oye (*pausa*) te amo hermano.

MANUEL: Yo te amo a ti también. (*Los dos se abrazan y salen. Se apagan las luces*)

(*Una voz fuera del escenario con un micrófono lee Marcos 8:34-38:*

Entonces llamó a la multitud y a sus discípulos. —Si alguien quiere ser mi discípulo —les dijo—, que se niegue a sí mismo, lleve su cruz y me siga.

Porque el que quiera salvar su vida, la perderá; pero el que pierda su vida por mi causa y por el evangelio, la salvará. ¿De qué sirve ganar el mundo entero si se pierde la vida? ¿O qué se puede dar a cambio de la vida? Si alguien se avergüenza de mí y de mis palabras en medio de esta generación adúltera y pecadora, también el Hijo del hombre se avergonzará de él cuando venga en la gloria de su Padre con los santos ángeles.)

FIN

¡Hola, Soy Habacuc!

PERSONAJES
• Narrador • Habacuc • Dios

NARRADOR: Esta noche les contaremos la historia del profeta Habacuc, uno de los profetas menores del que no escuchamos mucho. En realidad, a menos que seas un genio para memorizar los libros de la Biblia, probablemente ni siquiera sepas dónde encontrar el libro de Habacuc. Te daré una pista: está entre Nahúm y Sofonías. ¿Eso te ayuda? Habacuc tuvo un encuentro curioso con Dios del que podemos aprender. Para decirte más sobre eso, aquí tenemos al hombre... Habacuc.

HABACUC: Hola, soy Habacuc. Algunos de mis amigos me llaman Hab. Antes de que les cuente acerca de lo que escribí en mi libro, debo decirles un poco acerca de mí mismo. Honestamente, no hay mucho que la gente sepa de mí. Algunos piensan que fui un levita y un músico en el templo; otros dicen que fui de la tribu de Simeón. De cualquier modo, viví y escribí antes de la invasión babilónica en Judá que fue cerca del año 610 a.C.

NARRADOR: Antes de que comencemos con nuestra historia, ayudaría mucho algo de trasfondo. En el tiempo en el que Hab escribió, Judá no era un lugar muy feliz. La nación era mala, el pecado de su gente era vergonzoso, sus líderes corruptos, no buscaban a Dios... y ni siquiera se abochornaban de eso. Los babilonios eran una amenaza constante, la violencia y la injusticia reinaban, la maldad sobrepasaba a lo bueno, y Dios parecía estar muy distante y sin control de la situación.

HABACUC: Yo estaba molesto por todo lo que veía suceder a mi alrededor. Después de todo, esta era la nación de Dios, era su pueblo. Los malos se salían con la suya y los buenos eran atraídos a lo malo. Siendo un hombre que enfrentaba las cosas, fui con Dios y... bueno, me da un poco de pena admitirlo... pero me quejé con él. «Dios», le dije, «¿cuánto tiempo más debo seguir viendo esta maldad? ¿Cuánto tiempo más debo pedirte ayuda para obtener una respuesta? ¿Dónde está tu castigo para toda esta maldad?»

DIOS: No, no me enojé cuando Hab llegó a mí con sus preocupaciones y quejas, ya que él realmente deseaba entender mi verdad acerca de la situación. Pero quería que supiera que yo estaba a cargo, aunque no en la forma que él esperaba. Sin embargo, mis respuestas a sus preguntas lo confundieron. «Voy a tratar con la maldad y la violencia en la tierra», le dije, «pero no en la forma en la que piensas. Estoy dejando que esos crueles babilonios conquisten Judá».

HABACUC: Esto fue más de lo que yo podía soportar. ¡¿Los babilonios?! ¡Ellos de entre todos los demás! ¿Qué estaba pensando Dios? Claro, había problemas entre el pueblo de Dios —habían abandonado a Dios y andaban en sus propios caminos— claro, estaban equivocados y se merecían el castigo. Pero, ¡¿los babilonios?! Ellos eran peores de lo que nosotros éramos. «¿¡Estás loco?», le pregunté a Dios. «Eres demasiado puro y santo para ver la maldad de los babilonios. ¿Cómo puedes usarlos a ellos para castigarnos cuando ellos son peores que nosotros? Algo no anda bien aquí, y voy a ir a la torre a esperar tus respuestas».

DIOS: Le dije a Hab que el juicio vendría... el juicio sobre Judá a través de los babilonios, luego el juicio sobre los babilonios a través de mí. La maldad sería castigada en formas específicas, pero en mi tiempo y de acuerdo a mi plan. Tendría que esperar y ver los resultados finales y confiar en que yo me encargaría del juicio.

HABACUC: Cuando escuché estas últimas palabras de Dios, finalmente me callé e hice lo más inteligente que pude haber hecho ese día: oré. Recordé todas las veces que Dios se había mostrado a nosotros. Recordé cómo Dios se había preocupado por su gente a través de la historia y había traído justicia en tiempos de maldad. Tenía miedo de la invasión prometida, pero estaba convencido de que Dios estaba a cargo y de que él se encargaría de la venganza y de la injusticia. Mientras más pensaba en la bondad de Dios y en su fidelidad en el pasado, más supe que confiaría en él a pesar de lo que veía en el presente. Él era Dios y solo él sería mi fortaleza.

NARRADOR: Y esa es la historia de Hab. Yo añadiría esto: los babilonios atacaron Jerusalén —tal y como Dios había dicho que lo harían— en el año 605 a.C., y Jerusalén cayó poco después y los israelitas fueron exiliados a Babilonia. Sin embargo, 70 años después —de acuerdo a la palabra que Dios le dio a Habacuc— los babilonios fueron conquistados por Persia.

FIN

EL RAP DEL SAMARITANO

Un judío viajaba camino a Jericó.
Un ladrón que se escondía saltó y le gritó:
«¡No te hagas el valiente y dame tu dinero!»
«Ten misericordia», suplicó con mucho miedo.
Sin embargo fue golpeado por aquel ladrón malvado.

Después de algunas horas pasó un sacerdote,
Pensaba en su templo y era muy grandote.
Él cantaba y creía que amaba al Señor,
Y de pronto ahí en el suelo al judío encontró.
«Yo tocarlo ni jugando», se dijo el sacerdote,
«Debe ya estar muerto y yo soy muy santote».
Así que aquel hombre de largo continuó,
Pensando en su templo y cantándole al Señor.

Después paso un levita, un hombre religioso,
Importante en el templo, y era muy buen mozo.
Se fue acercando al hombre que en el suelo se encontraba:
«No quiero involucrarme», dijo volteando su cara,
«Muchos proyectos tengo, no puedo detenerme,
Y si me sale el ladrón, ¿cómo voy a defenderme?
Muchos proyectos tengo, no puedo detenerme».

No era un judío quién por fin le dio la mano,
El hombre que ayudó era un buen samaritano.
Los judíos a los samaritanos solían tratar mal,
Y aquellos a su vez a los judíos querían ahorcar.
Se odiaban unos a otros por años sin parar,
Pero este buen samaritano al judío quiso ayudar.
Lo llevó a un lugar para que allí lo cuidaran,
Sin importarle nada de lo que en él gastaran.

«Denle de comer y bañen a mi hermano,
Llévenlo a dormir y tómenle la mano,
Mañana yo vendré y será todo pagado».

Jesús contó esta historia para mostrarnos algo:
Ser amables siempre sin esperar nada a cambio.

Cuando tú a alguien puedas siempre auxiliar,
Recuerda lo que Dios nos quiso enseñar:
Él nos ama a todos, no solo a los amigos,
Por eso recuerda hacer el bien al enemigo.

Cuando veas a alguien mal, en problemas o dañado
Debes ayudar, recuerda al buen samaritano.
Hemos terminado con el rap y con el ritmo,
Y con esta enseñanza, dada por Dios mismo.

FIN

¡CULPABLE!

PERSONAJES
- Alguacil (vestido con uniforme si es posible) • Acusado 1, • Noriega Castro • Acusado 2, Cindy Casi Pura • Juez (en bata, sosteniendo el martillo)

Escena: Corte del Cielo

ALGUACIL: ¡Todos de pie! La corte del cielo está ahora en sesión. El honorable Creador de todo lo que es, fue y será, presidiendo.

ACUSADO 1: Mi nombre es Noriega Castro, su señoría. Soy culpable... ahora lo sé. Pero no sé por qué estoy aquí. Ruego su misericordia y perdón. ¿Qué me dice?

JUEZ: Señor Castro, todo aquel que haya nacido debe aparecer delante de mí. Alguacil, ¿cuál es el pecado del señor Castro?

ALGUACIL: Su señoría, violación, asesinato, tráfico de drogas, imprudencia peatonal, por nombrar solo algunos de sus muchos, muchos pecados en contra de la humanidad.

JUEZ: Ha sido encontrado culpable de pecado señor Noriega. La sentencia es la muerte. Acusado dos, por favor diga su nombre.

ACUSADO 2: Mi nombre es Cindy Casi Pura, su magnífica señoría, su santidad, señor. Y solo quiero que usted sepa que soy culpable también... lo sé y siento mucho lo que he hecho. Pero no soy tan mala como el señor Castro. Mi pecado es nada comparado a lo que él ha hecho. Además, voy a la iglesia cada domingo, digo mis oraciones cada día y obedezco los Diez Mandamientos... bueno, la mayoría.

JUEZ: Alguacil, ¿cuál es el pecado de la señorita Casi Pura?

ALGUACIL: Es culpable de envidia su señoría. Quería el Mercedes 300 SL que pertenecía a su vecina.

JUEZ: Ha sido encontrada culpable de pecado señorita Casi Pura y la sentencia es la muerte.

ALGUACIL: (Saboreándolo) ¡Se lo merecían! ¡Están fritos!

JUEZ: Alguacil, libérelos

ALGUACIL: ¿Qué quiere decir? ¡Lo escuché decir que eran culpables y que la sentencia era la muerte!

JUEZ: Son culpables, y su pena es la muerte. Pero la sentencia ha sido pagada. (Levanta ambas manos, las cuales están marcadas de rojo como una señal de los clavos en la cruz)

VOZ FUERA DEL ESCENARIO: De tal manera amó Dios al mundo que dio a su hijo unigénito para que todo aquél que crea en él no se pierda, mas tenga vida eterna.

FIN

GUILLERMO EL PRÓDIGO

PERSONAJES
• Narrador • Guillermo • Mariquita • Papá

UTILERÍA

Tarjetas indicadoras para la participación del público: Prepara al público para que responda a las tarjetas específicas cuando sean levantadas durante el drama.

 «Cabeza de frijol»    «¡Wow, está precioso!»    «Oh, oh»

 «¡Creo que lo echaste a perder esta vez!»    «¡Wow!»    «¡Oooohhh- fuchi!»

NARRADOR: Para nuestra lección de la Escuela Dominical de hoy, nos gustaría que conocieran a una familia: el Papá y sus dos hijos… Mariquita y Guillermo.

GUILLERMO: No me importa lo que digas, la vida está ahí esperándome y quiero experimentarla. Ahora. No quiero desperdiciar mi dinero y mi tiempo en la escuela.

MARIQUITA: ¿Pero qué hay de tu futuro?

GUILLERMO: No hay futuro. Solamente existe el hoy. Estoy cansado de desperdiciar mi «hoy» por el mañana que podría no ver nunca.

MARIQUITA: Si no te detienes un poco a mirar por dónde vas, te perderás.

GUILLERMO: Mi dinero me guiará. Voy a ir a donde me lleve.

PAPÁ: ¡Oigan muchachos! ¿De qué están discutiendo ustedes dos?

MARIQUITA: De nada. De la vida, de la libertad y de no tener un propósito.

PAPÁ: ¿Qué quieres decir?

GUILLERMO: Lo que ella quiere decir es que quiero mi libertad, Papá. Quiero mi mitad del dinero que pusiste en el banco para nosotros.

PAPÁ: Pero no has decidido a dónde vas a ir a la universidad.

GUILLERMO: No quiero ir a la universidad. Quiero comenzar a disfrutar de la vida antes de que me salgan canas y esté tan viejo como tú.

PAPÁ: ¿Qué dices?

GUILLERMO: Quise decir, eh, antes de que esté lo suficientemente maduro para recordar lo que es realmente vivir. Quiero vivir mientras me vea bien. Quiero reírme, quiero divertirme. Quiero…

DAD: Ya veo. Está bien, te daré un cheque con tu mitad del dinero, pero eso es todo lo que obtendrás. El resto del dinero pertenece a tu hermana. (Pausa) Sabes hijo, realmente me estás hiriendo. Odio verte hacer esto. Pero como tu dices, es tu vida y debes vivirla. Mi única esperanza es que vivas sabiamente.

GUILLERMO: Gracias, Pa.

NARRATOR: Bueno, como probablemente ustedes pensaron, Guillermo se fue y vivió su vida, pero no sabiamente. Se gastó todo su dinero. Primero le compró un carro elegante a un tipo llamado Sam Feliz. Esto te dirá lo sabio que estaba siendo. Después compró ropa nueva. En realidad no se detuvo mucho en escoger su vestuario. Solamente quiso estar seguro de que fuera ropa de marca y cara, porque decía: «Para ser bueno, tienes que verte bien». Ningún soltero cotizado es completo sin un condominio. Guillermo le compró uno a —adivinaste— Sam Feliz. Finalmente, Guillermo comenzó a «vivir». Desayunaba, comía y cenaba caviar con langosta. Dejaba propinas de $20.00. **WOW** Iba a la heladería y compraba 30 sabores de helado para el postre. **WOW**

Sam Feliz llevó a Guillermo a todo tipo de antros, donde gastaba su dinero apostando, tomando y bailando hasta el amanecer. Guillermo estaba tan ocupado gastando su dinero «viviendo» que no se dio cuenta de que se le estaba acabando. Fue a la máquina a sacar dinero, pero cuando quiso hacerlo, no le entregó el efectivo, sino una nota que decía: «Fondos Insuficientes».

Al día siguiente abrió un sobre de su banco y descubrió que los cheques que le había dado a Sam Feliz habían rebotado. La vida llegó a ser muy difícil para Guillermo cuando escuchó que Sam Feliz tenía un amigo no tan feliz llamado El Mongol.

Guillermo dejó de «vivir» y comenzó a sobrevivir. Sam Feliz reposeyó el carro y el condo. Empeñó la ropa a cambio de comida. Las cosas estaban tan mal que gastó sus últimos $10.00 apostando 20 a 1 en un concurso para ver quien se tragaba un pez. Perdió... ¡de verdad perdió!

Guillermo cayó como en un elevador rápido que lo llevó hasta el fondo de su alma. Se dio cuenta de que tenía que hacer algo pronto. Todos los trabajos que buscaba decían: «Título de Universidad Necesario». Guillermo abandonó su búsqueda del trabajo perfecto que le proveyera riqueza instantánea. Aceptó la primera oferta que le llegó.

GUILLERMO: ¡Weeee! ¡Weeee! ¡Por aquí cerdo, por aquí! Es lo que yo digo, estos puercos son un asco, no huelen nada bien. Esto es horrible, no puedo creer que esté trabajando con cerdos, y con el sueldo que gano... estos puercos comen mejor que yo. Claro, el dueño me dijo que podía comerme sus sobras. Y he tenido tanta hambre que he aprovechado la oferta. El único problema es que los puercos no dejan sobras. ¡Estoy tan deprimido!

NARRADOR: Guillermo comenzó a llorar mientras caminaba hacia los cerdos, sin ver hacia dónde iba. Sintió algo frío y pastoso en sus tobillos y hasta las rodillas, en su cintura y en su pecho y en su barba... estaba hundiéndose rápido.

WILLY: Perfecto... simplemente perfecto. Esto ya no podría ser peor. Aquí estoy, hasta el cuello de lodo, sin ningún lugar donde tomar un baño. Estoy harto de vivir de esta manera. ¿Por qué no escuché a mi papá? ¿Por qué mi hermana no discutió conmigo un poco más? ¿Por qué no me amarraron, me forzaron y me obligaron a ir a la universidad? Yo sé por qué: porque me aman. ¡Me siento tan tonto! He gastado todo el dinero que mi papá trabajó tanto para obtener. Quiero regresar a casa. Quiero regresar aunque estoy peor que nunca, pero voy a regresar.

NARRADOR: Guillermo salió del barro y se fue a casa. Debo decirles que se veía y olía espantoso. Conforme caminaba el largo camino a casa, la gente se le quedaba viendo, los niños lo señalaban y un perro chihuahua lo mordió. Se sentía miserable.

GUILLERMO: Espero que papá y Mariquita me abran las puertas, o al menos me permitan quedarme en la cochera. Quizás papá me contrate como jardinero o algo. Tal vez si tengo suerte Mariquita me de una moneda o dos por lavarle su carro. Siento tanto haber hecho esto. Si tan solo supieran lo que he pasado. (Respirando tristemente) «Nadie sabe lo que yo he pasado…» Todo esto sucedió para probar que ellos tenían razón. Ojalá me hubieran mostrado fotos o videos, o algo que me hubiera dado una idea de lo que me esperaría. Bueno, como solía decirme mi abuelito: «Deseos en una mano y escupidas en la otra, y a ver cuál se llena primero».

Bueno, aquí estoy papá… ¿Papá? Soy yo, tu hijo el más tonto ¿recuerdas? No soy digno de ser tu hijo. Papá, lo siento. He sido un gran dolor de cabeza para ti… he sido un gran necio, papá.

PAPÁ: ¡Guillermo… Guillermo! ¿Eres tú?

GUILLERMO: Me temo que sí.

PAPÁ: Guillermo hijo mío, wowow… fuuu, hueles horrible… y te ves espantoso.

GUILLERMO: Lo sé papá. La gente se me quedaba mirando, los niños me señalaban y un perro chihuahua me mordió.

PAPÁ: Bueno, solo estoy contento de que estés de vuelta en casa. ¡Mariquita, ven aquí! ¡Guillermo ha vuelto!

SISSY: ¡Hola Guillermo! Wow, apestas… y te ves horrible.

PAPÁ: Ya él lo sabe querida. La gente se le quedaba mirando, los niños lo señalaban y un perro chihuahua lo mordió. ¡Pero ha vuelto a casa! Vamos Mariquita, vamos a llevar a Guillermo a comprarle ropa, un carro nuevo y a cenar. ¿Qué tal una langosta?

GUILLERMO: Creo que ya comí toda la langosta del mundo. Y si les parece bien a ustedes, no quiero puerco tampoco.

NARRADOR: Así que se llevaron a Guillermo y le compraron ropa nueva y carro nuevo. Por cierto, comieron comida italiana esa noche. Todos estaban muy contentos de ver a Guillermo de regreso en casa, pero Mariquita estaba un poco molesta.

MARIQUITA: Papá estoy contenta de que Guillermo haya regresado y todo, pero me siento un poco molesta. Se llevó todo su dinero, se fue, se divirtió, se gastó todo hasta no dejar nada, regresa de rodillas… ¡y vaya recibimiento que le das! Yo he estado aquí todo el tiempo, voy a la universidad, pero jamás me has hecho una fiesta como esta.

DAD: Míralo de esta forma mi vida. Guillermo no se divirtió mucho que digamos. Y ahora lo siente mucho. Además gastó todo su dinero y tú tienes todavía la mayoría del tuyo. Tienes mucho más de lo que tiene él. Lo que quiero decirte es que cuando uno realmente se arrepiente de lo que hizo, no le cierres la puerta. ¡Regocíjate!

NARRADOR: Y esta es la historia de Guillermo el pródigo.

FIN

EL PROBLEMA CON LOS AMIGOS

Entrena a uno de tus actores para hacer el monólogo de la página 92 como introducción de alguna reunión sobre el tema de la amistad... o dalo tú mismo disfrazado de adolescente. *Kyle White*

EL EVANGELIO LIGERO

Este pequeño drama es excelente para mostrar lo mucho que nosotros deseamos vivir un evangelio radical. *Brad Fulton*

CHICO: Después de una noche de parranda... *(aplasta una lata vacía de cerveza y la tira)*

MARIO: ...de una noche de juerga... *(hace lo mismo)*

CHICO: ...de perseguir muchachas... *(eructa)*

MARIO: ...Chico y yo queremos sentirnos bien con una buena dosis de evangelio ligero. *(Levanta una Biblia de bolsillo cuyas hojas se ven evidentemente arrancadas)* Este tiene todo el amor, las bendiciones y la prosperidad que esperas en el evangelio... pero con la mitad del compromiso. ¡Es algo maravilloso!

CHICO: *(Toma la Biblia de Mario y la levanta)* Lo que Mario quiere decir es que el evangelio ligero no trastorna nuestro estilo de vida. Todavía podemos disfrutar nuestros viejos amigos, ir a todas las fiestas y vivir como siempre lo hemos hecho. Y no nos detiene porque nos llena menos que el evangelio real.

MARIO: *(Toma la Biblia)* Es verdad Chico. Pero lo que a la gente realmente le gusta es que no solo pueden disfrutar de todos los pecados de su vida pasada. Sino que disfrutan de los frutos de las bendiciones de Dios también. ¡El evangelio ligero es maravilloso!

CHICO: *(Toma la Biblia)* Eso puede ser Mario, pero lo que más nos gusta del evangelio ligero es que tiene menos compromiso que el evangelio regular. Puedes estar conectado al resto del mundo sin frenarte con las responsabilidades pesadas. Si no te gusta lo que dice, ¡simplemente lo desechas! ¡El evangelio ligero nos llena menos!

MARIO: *(Le quita la Biblia con agresividad a Chico)* No, Chico, el evangelio ligero está lleno de bendiciones... ¡el cielo, la sanidad y la prosperidad financiera! ¡Es maravilloso!

CHICO: *(Esta vez Chico es demasiado lento y Mario deja la Biblia fuera de su alcance mientras que Chico hace intentos desesperados para alcanzarla)* ¡Sí, pero le falta compromiso, mandamientos y la ira deprimente de Dios! ¡Nos llena menos!

MARIO: *(Chico finalmente toma la Biblia, en un pleito entre ellos jaloneándosela ambos)* ¡Es maravilloso!

CHICO: ¡Nos llena menos!

MARIO: ¡Es maravilloso!

CHICO: ¡Nos llena menos!

MARIO: ¡Es maravilloso!

CHICO: ¡Nos llena menos!

MARIO: *(Dejan de pelear por la Biblia y se voltean hacia el público)* El evangelio ligero...

CHICO: ...te garantiza no cambiarte.

FIN

RADIO DRAMAS

Con un micrófono, un par de grabadoras y un poco de creatividad, los grupos de jóvenes pueden producir programas de radio fascinantes (salgan o no al aire) que incorporen aventura, comedia y drama. Después de todo, hubo un tiempo en el que este era el entretenimiento familiar.

Los radio dramas pueden ser perfectos para los ado-

EL PROBLEMA CON LOS AMIGOS

Oye, mi nombre es Joel y yo diría que soy muy buen amigo... pero no con cualquiera. En realidad tengo muy pocos amigos... *(como un segundo pensamiento a la defensiva)* pero no es porque sea un imbécil.

Solamente soy especial.

Por ejemplo, mira a Memo. Conozco a Memo desde que estábamos en tercer grado. Solíamos hacer todo juntos. Una vez tuvimos un pleito en mi cochera y mis papás nunca se enteraron. En cierta ocasión Memo tenía que verme en el centro comercial; habíamos quedado en que estaríamos ahí todo el día y después su mamá nos recogería y nos llevaría a casa. Bueno, Memo jamás se apareció y yo me quedé ahí en el centro comercial y mis papás se enojaron porque tuvieron que recogerme. Memo dijo que se le olvidó pero yo le dije: «¿Se te olvidó? Los amigos no se tratan así. Eres un imbécil Memo».

No le volví a hablar nunca jamás.

Después fue Eric. Solíamos ser muy buenos amigos y nos juntábamos con la misma banda de amigos en la escuela. Un día Eric me dijo que su papá había perdido el trabajo y recibían ayuda del gobierno. Eso estuvo bien por un tiempo, pero después Eric no podía ir al cine con nosotros y su ropa ya era anticuada. Su familia se cambió de casa, probablemente porque no podían hacer más los pagos. Pienso que se mudaron a una casa de bajos recursos. Ya no hablo con él pero lo veo en la escuela de vez en cuando.

Tere y yo fuimos también buenos amigos... por un tiempo. El problema fue que ella comenzó a llamarme a todo momento. Yo no tenía el tiempo para hablar todo el día por teléfono. Ella se enojó porque no le regresaba las llamadas en cuatro días. Ya no nos llevamos.

Y Karen era buena gente... hasta que comenzó a tener problemas en casa. Después comenzó a pedirme que si podía conversar conmigo. Lo que realmente quería era desahogar todos sus problemas sobre mí. Yo pensé: «¡De ninguna manera!» Pero lo que le dije fue: *(con apariencia de amabilidad)* «¿Por qué no me llamas después que tu vida mejore?» Es que lo último que necesito es a alguien que me deprima.

En fin, como decía antes, soy un poco especial acerca de mis amigos... *(una pausa extraña)* En realidad pienso que no tengo amigos... *(neciamente confiado otra vez)* Pienso que la amistad es un gran regalo que no quiero dar a cualquiera que se acerque. Sabes a lo que me refiero ¿no?

FIN

lescentes que normalmente son tímidos y no les gusta estar en el escenario... pero pueden ser excelentes tras un micrófono. Los errores se corrigen fácilmente y las copias de la cinta terminada pueden ser entregadas a cada participante. Casi cualquier guión puede ser adaptado para el radio drama.

Los adolescentes pueden ser creativos e inventar un tema que sea adecuado para su grupo.

Los programas pueden tomar la forma de una entrevista o de un drama. Si se trata de una entrevista, entrega los temas de las preguntas antes del encuentro para que la persona pueda pensar sus respuestas antes de la grabación. El drama conlleva más preparación... pero es muy divertido también. He aquí una guía para idear un guión:
- Debe haber un tiempo límite para cada sesión de ideas y para tomar las decisiones que siguen, digamos de 5 a 10 minutos.
- Establece las personalidades de dos o cuatro personajes: dales nombres, ocupación, etc. Después dales un panorama general: la escuela, la luna, Calcuta, etc.
- Identifica los temas claves que los personajes enfrentarán. (Esto determinará el tema y el propósito del drama).
- Considera cómo estos temas pueden ser actuados y resueltos en el drama. Utiliza cartelones para que todos puedan ver la historia. Divide la historia en escenas. Piensa visualmente aunque este sea un radio drama, pues los radio escuchas visualizarán en sus mentes lo que están escuchando.
- Ahora divídelos en grupos y asigna a cada grupo una escena. Recuerda las consideraciones de tiempo y determina cuánto tiempo durará cada escena. Asegúrate de que las transiciones entre las escenas sean continuas.
- Determina qué acción describirás o comunicarás con el uso de una cinta con efectos especiales. Selecciona la música y algunos efectos especiales claves.
- Cuando el drama haya sido escrito, chequea que el mensaje que decidiste comunicar sea claro para el radio escucha.
- Ensayen y midan el tiempo de cada escena incorporando los efectos especiales y la música.
- Edita las escenas cuando sea necesario.
- Graba.

Bill Swedberg

ENFRENTAMIENTO DE LAS GENERACIONES

Representa este drama para algún evento al que asistan los adolescentes y sus padres, ya sea en el servicio de jóvenes o en un banquete para recaudar fondos. El diálogo (que comienza en la página 94) tiene lugar entre los miembros de una familia, y provoca fácilmente una discusión en tu reunión o entre los padres e hijos. *Luis Cataldo*

SALTO BUNGEE CON DIOS

Un drama sencillo con dos personajes que explora los riesgos de la fe en términos de un salto bungee. Comienza en la página 97. *Steve Wunderink*

TARJETA AMERICAN EXPRESS PARA EL NOVIAZGO

Basado en 1 Corintios 13, este drama (en la página 99) puede ser presentado con muy poca preparación. Lo único que se necesita es una tarjeta de crédito. *Joel Hunt y Kara M. Hunt*

LOS MEJORES AMIGOS VAN AL CINE

Después de representar este pequeño drama (en la página 101), puedes generar una discusión con preguntas como estas:
- ¿Te puedes identificar con Jorge? ¿En qué forma?
- Lee 1 Corintios 3:16. ¿Serías un mejor cristiano si Jesús estuviera físicamente contigo? Explica.
- Lee 1 Corintios 2, después lista todo lo que el Espíritu Santo nos ofrece. ¿Estás limitando la obra del Espíritu en tu vida? Si es así, ¿cómo?
- Si Jesús visitara tu casa, ¿qué cosa señalaría en tu vida que necesita ser cambiada? Escríbelo en una tarjeta y llévala contigo toda la semana. *James Wing*

Enfrentamiento de las Generaciones

PERSONAJES
• Mamá (que actúe un adulto en este papel) • Papá (adulto) • El niño (joven) • Hermana Grande (joven) • Locutor y árbitro

UTILERÍA
• 4 postes unidos por 3 cuerdas (como las que marcan las líneas en los bancos)
• 2 sillas • Una campana grande • Dos pares de guantes de boxeo

---

Los postes y las cuerdas se colocan al lado derecho o izquierdo del escenario. Las dos sillas frente al público al centro de la escena. Papá está leyendo el periódico sentado en una silla, los pies sobre la otra silla. El Niño entra.

PAPÁ: ¿A dónde vas Niño?

NIÑO: Solo afuera.

PAPÁ: Bueno, ¿dónde afuera?

NIÑO: No sé, aquí cerca.

PAPÁ: Esto no va a ser lo de siempre ¿verdad?

NIÑO: Parece que sí, Papá.

(Conforme el locutor está hablando, se acomodan las cuerdas para hacer un ring de boxeo de tres lados. Las sillas se mueven a la parte de atrás; Papá y el Niño toman sus lugares ahí. Junto al Niño está parada la Hermana Grande; junto al Papá se encuentra la Mamá. Los cuatro están ocupados en ponerles los guantes a el Papá y el Niño).

LOCUTOR: ¡Damas y caballeros! El evento principal de esta noche... la revancha del enfrentamiento de las generaciones. (Señala mientras sigue hablando) En esta esquina, pesando una llanta de repuesto por encima de su peso ideal, sobrecargado y no apreciado: Papá. Y en esta otra esquina, equipado con licencia de conducir, novia y las respuestas correctas: El Niño. En la esquina de Papá estará su compañera de toda la vida, Mamá. Y en la esquina del Niño se encuentra la campeona anterior, Hermana Mayor. Las reglas son... Uno: No valen los golpes bajos. Dos: Papá, no vale llamar a Mamá al ring para pedir ayuda. Tres: Niño, no valen las comparaciones con tu hermana. Ahora, a sus esquinas y cuando escuchen la campana, salgan a pelear.

(Suena la campana. Papá y el Niño se ponen sus guantes de boxeo y caminan al centro del ring, dándose la vuelta el uno al otro, con los guantes arriba amenazándose ocasionalmente)

PAPÁ: ¿Adónde vas?

NIÑO: Afuera.

Enfrentamiento de las Generaciones—2

PAPÁ: ¿Adónde?

NIÑO: Afuera.

PAPÁ: ¿Adónde?

NIÑO: Afuera.

LOCUTOR: Bueno, descanso.

PAPÁ: ¿Qué estarás haciendo?

NIÑO: Nada.

PAPÁ: Nada es el tipo de actividad que termina en la estación de policía.

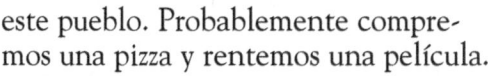

NIÑO: Papá, ya sabes que no hay nada que hacer en este pueblo. Probablemente compremos una pizza y rentemos una película.

PAPÁ: ¿Qué película rentarán?

NIÑO: No sé, ya veremos cuál.

PAPÁ: Simplemente no quiero que estés viendo basura.

NIÑO: Está bien, probablemente rentemos La Sirenita.

PAPÁ: ¿Con quién vas a estar?

NIÑO: Ya sabes, con Juan, José, Carlos.

PAPÁ: ¿Cuál Juan? ¿Cuál José? ¿Cuál Carlos? ¿Conozco a estos tipos?

NIÑO: Sí, papá. Los conociste cuando me inscribiste en el club de Niños Exploradores.

PAPÁ: Bueno, ¿pero cómo los voy a recordar si eso fue hace mucho? ¿Conozco a sus padres?

NIÑO: Estaban en el último partido de fútbol. Creo que los viste ahí.

PAPÁ: No recuerdo. Está bien, ¿a casa de quién vas?

NIÑO: Probablemente a la casa de José.

PAPÁ: ¿Van a estar sus papás en casa?

NIÑO: Yo no sé.

PAPÁ: Tú sabes que terminamos el cuarto de juegos para que podamos invitar a la gente. ¿Por qué no vienen todos a la casa?

NIÑO: Porque ustedes siempre están aquí.

PAPÁ: Bueno, ¿qué dijo tu mamá de todo esto?

NIÑO: Dijo que por ella no había problema si tú estabas de acuerdo.

(Suena la campana. Papá y el Niño regresan a sus esquinas)

MAMÁ: (Al Papá) Recuerda hacerle más preguntas. ¿A qué hora regresará a casa? ¿Ya hizo su tarea? ¿Qué hay de limpiar su cuarto? Sigue haciendo preguntas, y trata de ser justo.

HERMANA: (Al Niño) Hiciste un buen trabajo. Danzaste alrededor de esas preguntas muy bien. Solo recuerda contestar vagamente. Cuando te pregunte a qué hora regresarás a casa, probablemente insistirá en que seas específico, así que tira a la una en punto y negocia la medianoche. Simplemente trata de salirte lo más pronto posible.

(Suena la campana. Papá y el Niño regresan al ring como antes)

NIÑO: Papá, ya me tengo que ir.

PAPÁ: Permíteme un momento. Tengo que hacerte más preguntas. ¿A qué hora regresarás?

NIÑO: Cuando termine la película, quizás muy tarde.

PAPÁ: ¿Qué es tarde?

Enfrentamiento de las Generaciones—3

NIÑO: No sé, quizás a la una en punto.

PAPÁ: ¡Una en punto! Eso es muy tarde. Tienes que estar en casa a las 10:30.

NIÑO: ¡A las 10:30! Ninguno de mis amigos tiene que estar en sus casas a las 10:30.

PAPÁ: Bueno, si todos tus amigos se echaran al precipicio, ¿los seguirías?

NIÑO: (Volteando los ojos para arriba) No vengas con eso de nuevo.

PAPÁ: Quiero ser justo. Veamos. ¿Hasta las 11:00?

NIÑO: Pero tengo que llevar a Lucía a casa. Y no tiene que estar en su casa sino hasta las 11:45.

PAPÁ: Está bien, puedes llegar a las 11:45 también.

NIÑO: Pero tengo que llevarla a su casa y después de eso venir a la mía.

PAPÁ: Está bien… puedes llegar a casa a la medianoche.

NIÑO: Está bien papá.

PAPÁ: Ahora bien, ¿ya hiciste la tarea?

NIÑO: Papá, es viernes.

PAPÁ: No hay ninguna ley en contra de estudiar en viernes. Marco el vecino estudia los viernes en la noche.

NIÑO: Marco es un bobo.

PAPÁ: Pero Marco fue aceptado en la Universidad de Harvard.

NIÑO: Yo también entraré en alguna, Papá.

PAPÁ: Bueno, ¿está limpio tu cuarto?

NIÑO: Lo limpiaré mañana. Tendré todo el día para hacerlo.

(Suena la campana. Papá y el Niño se van a sus esquinas)

HERMANA: (Al Niño) Recuerda pedir dinero para la gasolina antes de irte... y lo que hagas, no te metas en una discusión sobre conseguir un trabajo.

PAPÁ: (A la Mamá) ¿Por qué siempre discutimos así?

MAMÁ: (Al Papá) Yo creo que es porque vemos mucho potencial en él y queremos lo mejor para su vida. Por cierto, le acabo de dar $20.00 esta mañana así que no debe necesitar dinero.

(Suena la campana. Papá y el Niño entran al ring una vez más)

NIÑO: Me tengo que ir papá. Ah, y necesito $20.00.

PAPÁ: Tu mamá te acaba de dar $20.00.

NIÑO: Tuve que comer.

PAPÁ: ¿Por qué nunca comes en la casa? Tenemos suficiente...

NIÑO: (Interrumpiendo) Pero el carro necesita gasolina, así que necesito algo de dinero.

PAPÁ: ¿Por qué no usas el dinero que te damos para la gasolina?

NIÑO: Ya me lo terminé.

PAPÁ: ¿En qué lo gastaste?

NIÑO: Tuve que comer.

PAPÁ: Si tuvieras un trabajo, no estarías pidiéndome dinero todo el tiempo. He notado que hay un anuncio de: «Se Necesita Ayuda» en la tienda de helados apenas pasando...

NIÑO: (Interrumpiendo) Me tengo que ir papá. Mis amigos me están esperando. Regreso a la una en punto. (Sale pasando a su hermana... le da una señal de victoria mientras sale)

PAPÁ: ¡Regresa a medianoche!

FIN

SALTO BUNGEE CON DIOS

PERSONAJES
• Instructor • Saltador

UTILERÍA
• Cuerda

Desde un puente o desde lo alto de una grúa, un novato se anima con nerviosismo a realizar su primer salto bungee. Para la percepción del público, la cuerda debe estar amarrada en algún lugar arriba de ambos personajes, para que la misma cuelgue y pueda amarrarse a los tobillos del saltador.

SALTADOR: *(Parado nervioso en la orilla)* ¿Está convencido de que esto es seguro?

INSTRUCTOR: Claro que lo es, cientos de personas ya lo han hecho.

SALTADOR: Sí, pero ¿cómo están ahora?

INSTRUCTOR: Todo depende de cómo brinques.

SALTADOR: ¿Qué...qué quiere decir?

INSTRUCTOR: Bueno, existen varias formas de hacer esto. Algunas son más seguras que otras. Algunas son estúpidas.

SALTADOR: ¿Estúpidas?

INSTRUCTOR: Sí, algunas personas saltan sin haberse amarrado a nada sólido. Insisten en tratar con su propia cuerda, no confían en nadie que los amarre y, claro está, el nudo usualmente se afloja cuando el saltador pone algo de tensión.

SALTADOR: Eso es algo tonto.

INSTRUCTOR: Lo más tonto es saltar sin estar amarrado a nada... y es lo que algunas personas en realidad hacen. Solamente brincan... y camino abajo observan hacia arriba y me miran con cara de: «¿Ves? Puedo hacerlo todo. ¡Es fácil!», y les gritan a los que están subiendo cuando los pasan al caer.

SALTADOR: ¿Y qué les sucede?

INSTRUCTOR: Jamás he visto a uno regresar por un segundo salto.

SALTADOR: *(Tragando saliva)* ¡Oh!

INSTRUCTOR: No te preocupes. Mientras que brinques en la forma correcta, nada te pasará. Mucha gente brinca regularmente todos los días de sus vidas.

SALTADOR: ¿Todos los días?

INSTRUCTOR: Claro. La primera vez siempre es la más difícil. Después de ese salto de fe es más fácil porque ya sabes que es seguro... cuando se hace de la manera correcta.

SALTADOR: ¿Así que no puedo amarrarme esta cosa yo solo?

INSTRUCTOR: No, no si quieres estar a salvo.

Salto Bungee con Dios—2

SALTADOR: ¿Qué hago? Gracias a la niebla no puedo ver hacia abajo y *(mira forzando la vista)* no puedo ver a qué está amarrado esto allá arriba.

INSTRUCTOR: Esa es la aventura de ser quien eres.

SALTADOR: ¿Quién soy?

INSTRUCTOR: ¿Eres cristiano, no?

SALTADOR: Bueno... sí.

INSTRUCTOR: He ahí la aventura. Ya que no puedes ver el fondo...

SALTADOR: *(Entrando en pánico)* ¿Hay un fondo allá abajo o no?

INSTRUCTOR: Claro, pero no es el mismo para todos. Lo que hay después de la niebla es diferente para todos.

SALTADOR: Bueno, ¿qué hay para mí?

INSTRUCTOR: *(Se encoge de hombros)* ¡Quién sabe!

SALTADOR: *(Dándole a la cuerda un par de jalones)* Bueno, ¿y a qué está amarrada la cuerda?

INSTRUCTOR: Allá arriba, si lo haces bien, Jesús está agarrando la cuerda.

SALTADOR: ¿Ah sí? *(Mirando hacia arriba tratando de ver)* ¿De verdad? No lo puedo ver.

INSTRUCTOR: Tampoco yo. Pero debes estar seguro de que está ahí. Si lo vieras agarrando la cuerda, ¿esto ayudaría?

SALTADOR: ¡Claro que sí!

INSTRUCTOR: Pero él te dijo, una y otra vez, que estaría ahí agarrando la cuerda para ti cuando se lo pidieras.

SALTADOR: Sí, pero...

INSTRUCTOR: Y él te ha provisto con las historias de muchos saltadores exitosos... Abraham, por ejemplo. Vaya si podía saltar. Y Moisés y Daniel y Esther y María y Pablo...

SALTADOR: Sí, pero...

INSTRUCTOR: Así que, ¿para qué rayos necesitas verlo allá arriba?

SALTADOR: *(Indeciso)* Creo que no lo necesito ver, mientras sepa que está ahí...

INSTRUCTOR: Claro que está ahí. Todo lo que tienes que hacer es pedirle que sostenga la cuerda mientras saltas y lo hará. Él lo promete.

SALTADOR: ¿Qué hay de este lado de la cuerda? *(Mirando sus tobillos)* ¿La amarrará bien apretada a mis pies también?

INSTRUCTOR: Ese es nuestro trabajo. ¿Por qué no te la amarramos bien antes de que saltes? Te mostraré cómo hacerlo. *(Se inclina y comienza a explicarle al Saltador cómo amarrar la cuerda, etc.)*

FIN

Tarjeta American Express

Para el Noviazgo

PERSONAJES
• Vendedor • Ladrón • Víctima

VENDEDOR: Usted está a punto de presenciar un crimen, un crimen que pudiera sucederle a usted si no obtiene su tarjeta American Express para el noviazgo. ¡No salga de casa sin ella!

LADRÓN: (Caminando de forma casual hacia la Víctima) Qué tal.

VÍCTIMA: Hola. (El Ladrón y la Víctima se quedan inmóviles después de esta conversación)

VENDEDOR: ¡¿Vieron esto?! ¡¿Vieron lo que sucedió?! Veamos de nuevo y observen esto en cámara lenta.

VÍCTIMA: Aloh. («Hola» al revés)

LADRÓN: Lat éuq. («Qué hay» al revés, camina hacia atrás al otro lado del escenario)

VENDEDOR: Cambiemos la velocidad fijándola unas 1000 veces más lenta de lo normal para que veamos lo que realmente pasó.

LADRÓN: (Camina hacia la Víctima y hace una pausa) Qué tal.

VÍCTIMA: Aléjate de mí tú… tú… ¡eso es lo que eres! Aléjate de mí o usaré mi Tarjeta American Express para el noviazgo contigo. (Saca su tarjeta American Express para el Noviazgo; y lee la parte de atrás)

LADRÓN: ¡Quiero hablar contigo ahora!

VÍCTIMA: «El amor es paciente». Hablemos más tarde.

LADRÓN: ¡No! ¡Vamos a discutir ahora mismo!

VÍCTIMA: «El amor es amable». No grites.

LADRÓN: ¡Me dejaste plantado el viernes pasado para poder salir con Roberto!

VÍCTIMA: «El amor no es envidioso». Puedo salir con quien yo quiera.

LADRÓN: Está bien, en ese caso, el lunes salí con Bárbara, el martes salí con Susy el miércoles salí con...

VÍCTIMA: «El amor no es jactancioso».

LADRÓN: ¡Vamos! No hay duda de que yo soy el cumplimiento masculino de todo sueño femenino!

VÍCTIMA: «El amor no se envanece».

LADRÓN: ¡Bésame tontita!

VÍCTIMA: «El amor no hace nada indebido»

LADRÓN: Vamos cariño, te quiero.

VÍCTIMA: «El amor no busca lo suyo». ¡Vete!

LADRÓN: ¡Escucha mi amor! Me estás poniendo nervioso

VÍCTIMA: «El amor no se irrita».

LADRÓN: ¿Ah, sí? Bueno, ¿qué hay de esa vez que te llevé a ver la película de Batman y te enojaste tanto con el guasón que te paraste y le hiciste un agujero a la pantalla?

VÍCTIMA: «El amor no guarda rencor»... Y vete de aquí antes de que te haga uno a ti. (Levanta el puño)

LADRÓN: Disfrutarías haciendo eso, ¿o no?

VÍCTIMA: «El amor no se goza de la injusticia mas se goza con la verdad».

LADRÓN: Cariño, necesitas a un hombre fuerte como yo para protegerte.

VÍCTIMA: «El amor siempre protege». Seguramente tú no me estás protegiendo para nada. (Gritando) ¡AUXILIO!

LADRÓN: ¡Calladita cariño! ¿Es que tu tarjeta no dice: «El amor siempre confía»? Dame otra oportunidad.

VÍCTIMA: Sí, bueno, esta tarjeta también dice: «El amor todo lo espera». Y por ahora estoy esperando a alguien mejor que tú.

LADRÓN: Bueno, mi mamá siempre me dijo que hay muchos peces en el mar. Creo que ha llegado el tiempo de ir a pescar.

VÍCTIMA: ¿Sí? Pues adelante. Ve a pescar. Y recuerda: «El amor siempre persevera». Estoy segura de que encontrarás a un tiburón o a algún atún que te dé un beso.

LADRÓN: Mujer, eres cruel.

VÍCTIMA: Al menos no soy tan tonta.

VENDEDOR: ¡Ahí lo tienen! Así que obtengan su tarjeta American Express para el Noviazgo y recuerden: ¡No salgan de casa sin ella!

FIN

Los Mejores Amigos van al Cine

PERSONAJES
• Jorge • Jesús • Amigo 1 • Amigo 2

Escenario: Un cine. (Escoge una película clasificada para adultos y haz un señalamiento para que la gente lo pueda ver.) Jorge y dos amigos caminan por el cine con palomitas de maíz y vasos llenos de refresco. Se sientan. Una cuarta persona entra y se sienta cerca de Jorge. Antes de comenzar la película, Jorge se voltea hacia el desconocido y se presenta.

JORGE: ¡Esto será grandioso! Mi nombre es Jorge.

JESÚS: Sí, ya nos conocíamos.

JORGE: ¿Ah, sí?

JESÚS: Hace un año. Mi nombre es Jesús.

JORGE: (Brinca, aplasta su vaso y lo tira sobre su amigo)

AMIGO 1: ¿Qué te pasa? ¡Mira lo que has hecho! (Se levanta por unas servilletas) Con permiso.

JORGE: (Regresa a hablar con Jesús en voz baja) ¿Jesús? ¿Quieres decir como el de la Biblia? ¿El Hijo de Dios? ¿El que murió en la cruz y todo eso?

JESÚS: (Asiente con la cabeza y le muestra a JORGE sus manos)

JORGE: ¡¿Jeeessssússss?!

AMIGO 2: ¡Jorge! Jamás te he escuchado orar antes.

JORGE: Yo... este... lo hago cuando tengo mucha presión... mucha presión.

AMIGO 1: (Regresa del baño; Jesús no lo ve cuando trata de pasar a su lugar) ¡Permíteme! (Con rudeza)

JORGE: (Pone sus manos sobre su cabeza, moviendo la misma, voltea a ver a Jesús) ¿Por qué estás... este... digo... desde cuándo estás... este... no deberías de estar...? (Apunta hacia arriba)

Los mejores amigos van al cine—2

JESÚS: Primero, porque te prometí estar contigo siempre. Segundo, mi Espíritu ha estado contigo desde que te hiciste cristiano el año pasado. Para contestarte la última pregunta... sí. *(El Amigo 2 trata de pegarle a Jorge con una palomita de maíz y le pega a Jesús)*

JORGE: (Mira a la pantalla, en ese momento pasan una escena mala y él brinca y tira todas sus palomitas)

AMIGO 1: Oye, ¿por qué estás tan nervioso?

JORGE: *(Sin mirar a sus amigos e imitando a su Amigo 1)* Oye, ¿por qué estás tan nervioso? ¡Tu estarías nervioso también si tuvieras a Jesús sentado junto a ti! *(A Jesús)* ¿Estás viendo todo lo que yo estoy viendo? *(Jesús asiente con la cabeza)* ¿Estás escuchando? *(Jesús asiente de nuevo)* ¿No te quieres ir?

JESÚS: Sí, pero no puedo hacerlo sin ti.

JORGE: Creo que tengo que tomar una decisión, ¿verdad?

JESÚS: De eso se trata la vida.

JORGE: *(Piensa un poco, mira a sus amigos y se voltea con Jesús)* Yo... no puedo. No ahora. Pero te prometo que jamás vendré a ver una película como esta nunca más.

JESÚS: *(Mirando hacia abajo pone una mano sobre su frente como si estuviera orando).*

JORGE: *(Se mueve a otro asiento del otro lado de sus amigos, pero no puede dejar de mirar a Jesús; Jorge finalmente se voltea)*

FIN

CUERPO HERMOSO

¿Estás guiando a tu grupo en el análisis de temas tales como las apariencias físicas, la presión de amigos, los desórdenes en la comida, etc.? Utiliza este drama de la página 104 como punto de discusión en una lección.

Después del drama haz preguntas como las que siguen:

• ¿Estás de acuerdo en que la apariencia lo es todo? ¿Por qué algunas personas están tan preocupadas con su físico?

• ¿Sientes que el verse bien —o verse «correctamente»— es un gran problema con los estudiantes en tu escuela? ¿De dónde viene esta presión?

• ¿Por qué piensas que algunas personas se van a los extremos —como la bulimia— para verse bien? Si supieras que una de tus amigas está batallando con la bulimia, ¿tratarías de ayudarla?

Antes de la reunión, escribe 1 Samuel 16:7 y 1 Pedro 3:3-4 en diferentes tarjetas. Pide que algunos voluntarios lean estos versículos en voz alta y pregunta:

• De acuerdo a estos versículos, ¿qué tan importante es la apariencia para Dios? ¿Cómo te hace sentir esto acerca de Dios? ¿Puedes pensar en formas prácticas y reales acerca de cómo un cristiano puede enfatizar su belleza interior ante otros?

Anne Elizabeth Dodge Tyson

DIOS Y LOS IMPUESTOS

Este pequeño drama (en la página 105) puede desatar una discusión dinámica sobre lo efectiva que es la oración. Como cualquier otro guión de este libro, puede ser representado por lectores en un estilo de teatro, con los guiones en la mano. Pero este drama es particularmente efectivo si los actores memorizan sus partes... y si insertan nombres de restaurantes locales, etc. mencionándolos en el guión. *Jack Klunder*

JUAN EL PREPARADO

No existe ningún punto bíblico tan serio que un tratamiento humorístico bien intencionado no pueda tratar efectivamente. Este en la página 107 es acerca de Juan el Bautista... y acerca de estar algo fuera de la cultura de uno, como este excéntrico primo de Jesús. *Ted Faye*

EL TESTIGO

Este drama pequeño (en la página 110) hace surgir preguntas interesantes acerca del evangelismo. *Rich Young*

PERO SEÑOR, ¿ESO NO ES DEMASIADA ACTUACIÓN?

Este drama acerca de Josué y la batalla de Jericó no es solamente humorístico, sino también tiene un mensaje que provocará una gran discusión. Comienza en la página 113.

Marilyn Pfeifer, adaptado de un artículo escrito por Stephen Bly

CARTAS PARA MAMÁ

Esta serie de cartas imaginarias de Pablo pueden ser usadas como introducción para estudiar cualquier carta del Nuevo Testamento o como una ventana hacia la vida y experiencias del apóstol. (Y si tienes una actriz dramática y talentosa en tu grupo, ¡podrá leer las cartas como toda una madre judía!) Las cuatro cartas comienzan en la página 117.

¿Posibilidades de discusión? ¡Bastantes! ¿Cómo respondería la mamá de Pablo a sus noticias? En particular, ¿cómo se comparan las experiencias de la típica conversión hoy en día... y qué es una típica conversión hoy? ¿Cómo reaccionan en la actualidad los amigos, parientes, etc. hacia alguien que se convierte? *Stephen Bly*

EL DRAMA DE LA VIDA DEL CUERPO

Todos los actores en este drama, el cuál está basado en 1 Corintios 12, representan una parte del cuerpo, y deben utilizar una señal o una camiseta que identifique la parte que cada uno está representando. El lector debe tener una Biblia. El guión se encuentra en la página 123. *David C. Wright*

OH NO, JESÚS...NO MÁS TIEMPO EXTRA

Este drama que comienza en la página 125 es una versión realista de la alimentación de los 5,000 que trata acerca del autosacrificio y la fe. Los personajes deben ser flexibles, puedes usar tres o cuatro discípulos para que también representen a los personajes en el pueblo, o llenar todos los papeles con diferentes jóvenes. Los diálogos del Narrador se encuentran en Marcos 6:30-44 (NVI). *Joan Lilley*

Cuerpo Hermoso

PERSONAJES
• Narrador • Katy • Sarah • Alicia • María • Kim • Tatiana • Isabel

UTILERÍA
• Maquillaje • Cepillos • Peines • Broches

La escena tiene lugar en el baño de una escuela; las niñas se están arreglando frente a un espejo.

NARRADOR: Para todos aquellos que se hayan preguntado sobre qué hablan las niñas en el baño de la escuela, he aquí su oportunidad de escuchar una conversación que ocurrió en cierto lugar en algún momento.

KATY: ¡Fuchi! ¡No lo puedo creer! Otro barro. Y antes de la fiesta de apertura. Se va a llevar una tonelada de maquillaje el cubrir este cráter. ¡Fuchi!

SARAH: ¿Tú crees que eso es grave? Me siento como un hipopótamo hoy. No quepo en mis mejores pantalones.

ALICIA: Solo vomita. Digo, yo no lo hago, pero sé de algunas niñas que lo hacen y siempre se ven muy bien.

TODAS: ¿Quién?... no, ¿de veras?... ¿quién lo hace?

ALICIA: Ya saben... Susy y Dense... No es posible que se mantengan tan flacas y tan perfectas sin que vomiten.

MARÍA: Este es uno de esos días en los que el cabello no te queda bien. Uhhh... ¿alguien tiene spray que me pueda prestar? (Apunta a su cabello) ¡Mira esto! No voy a ir a mi clase de geometría a menos que mi cabello se vea bien.

KIM: Todos me han dicho que tengo la oportunidad de ser la reina de la escuela, y mi mamá me va a llevar de compras el sábado para conseguir el traje perfecto para el viernes. ¿Saben? Ese es el día de la votación. ¿No es fantástico?

TATIANA: Pues la ropa no te va a cubrir la nariz, Kim. (Se voltea a la niña junto a ella) Los elefantes no ganan.

KIM: Simplemente estás celosa. Mi nariz es perfecta.

ISABEL: Carolina va a ganar este año. Es muy bonita y tiene mejor ropa que cualquiera en esta escuela. Y además, Jorge será el rey y todos saben que ellos son la pareja perfecta. ¿No se dan cuenta? Las apariencias lo son todo.

FIN

Dios y los Impuestos

PERSONAJES
• Jaime • Miguel • Roberto • Pedro

ESCENA 1

JAIME: Hola Migue. ¿Qué pasa? Te ves triste…

MIGUEL: Oh, hola Jaime. Sí, estoy muy triste. Mañana es el último día para pagar mi inscripción y no tengo el dinero. Así que… la escuela no es para mí. Creo que me tengo que ir a las minas de sal…

JAIME: Caramba, qué pena. ¿Y tus papás? ¿No pueden ayudarte?

MIGUEL: No, realmente no. Mi papá no ha tenido trabajo desde hace un par de meses y van a necesitar el dinero que tengan para vivir.

JAIME: ¿No puedes conseguir un préstamo en algún lugar?

MIGUEL: Ya lo intenté y no he tenido suerte. Mi crédito no es bueno; el crédito de mi papá tampoco es bueno, y todavía no he pagado el préstamo que logré conseguir del banco.

JAIME: ¿Cuánto necesitas?

MIGUEL: $750.00 en efectivo, cheque o giro postal.

JAIME: Hmm, es mucho dinero… (Entra Roberto)

ROBERTO: Hola amigos. ¿Qué hay de nuevo?

MIGUEL: $750.00. Eso es lo que hay de nuevo.

ROBERTO: ¿Eh?

JAIME: Quiere decir que si no consigue $750.00 para mañana, tendrá que regresar a lavar platos al restaurante.

ROBERTO: Lo siento, Miguel. ¡Qué suerte tengo yo de que mi papá tenga mucho dinero! Solamente manda el cheque a la escuela cada año… y sin problemas.

JAIME: Sí, yo también. Gracias a Dios por mis padres.

MIGUEL: Bueno, qué bien por ustedes, pero ¿qué hay de mí? ¿Qué voy a hacer?

ROBERTO: ¿Tienes experiencia robando bancos?

JAIME: He oído que uno gana mucho dinero traficando drogas… (Se ríe)

MIGUEL: ¡Ya dejen de molestar! Esto es serio. (Pedro entra) Hola Pedro… ¿no tienes $750.00 que quieras regalar?

PEDRO: Hola Miguel, hola a todos… ¿$750.00? ¿De qué están hablando? No podría pagar ni un boleto para comida gratis.

ROBERTO: Miguel necesita dinero para la escuela mañana o su educación se verá interrumpida.

PEDRO: Un caso clásico de no-inscripción.

MIGUEL: (Sarcásticamente) ¡Qué chistoso! Ja, Ja.

PEDRO: Supongo que ya han discutido lo de un préstamo y todo eso…

JAIME: No se puede.

PEDRO: ¿Has orado al respecto?

MIGUEL: ¿Qué? Esto es serio.

PEDRO: Es en serio. ¿Has orado al respecto?

ROBERTO: No juegues hombre. ¿Qué va a hacer Dios? ¡Lanzará $750.00 del cielo para mañana?

PEDRO: ¿Cómo voy a saber lo que Dios va a hacer? Pero somos cristianos, ¿o no? Debemos tener fe supuestamente, ¿saben?

MIGUEL: Creo que robar un banco es más fácil.

JAIME: Mira Miguel, vale la pena intentarlo. Jesús dijo: «Pide y se te dará». ¿O no?

MIGUEL: Pero no soy muy bueno para orar. Especialmente cuando estoy deprimido.

ROBERTO: Pedro, ¿por qué no oras tú? Fue tu idea ¿no?

PEDRO: Está bien. Vamos a orar ahora mismo. (Los cuatro se toman de las manos, y Pedro los guía en una oración —la cuál hace espontáneamente— pidiéndole a Dios que los ayude a solucionar el problema económico de Miguel)

MIGUEL: Gracias, Pedro. Bueno, miren… me voy para ver si encuentro algún árbol de dinero en alguna parte.

TODOS: Nos vemos después… Buena suerte Miguel… esperamos que encuentres ese árbol.

ESCENA 2

Al día siguiente (que alguien tome un cartelón anunciando el siguiente día) (Jaime, Roberto y Miguel se encuentran nuevamente)

JAIME: Hey, Miguel… Te ves un poco mejor que ayer. Debiste de haber encontrado el árbol de dinero.

MIGUEL: Oigan, no van a creer lo que sucedió.

ROBERTO: Espero que sean buenas noticias.

MIGUEL: Después que los dejé ayer, fui a casa de mis padres y había un sobre dirigido a mí de la oficina de impuestos. Dentro había un cheque por $774.13. ¡Cometí un error en mis impuestos el año pasado y lo descubrieron y me regresaron el dinero! ¡Qué suerte! ¡No podía creerlo!

JAIME: Wow… ¡Dios contestó esa oración al instante!

MIGUEL: Qué Dios ni qué nada. ¡Fue la oficina de impuestos! Ese cheque estaba en el correo antes de que Pedro orara… ¡gracias gobierno!

FIN

Juan el Preparado

PERSONAJES

- Narrador
- Colector de impuestos
- Juan (disfrazado y con un cinturón de piel)
- Soldado
- Ciudadano de clase media
- Sacerdote 1
- Sacerdote 2

NARRADOR: Había un hombre que fue enviado de Dios llamado Juan.

JUAN: Yo soy Juan.

NARRADOR: Juan era la luz.

JUAN: Eso es lo que algunas personas pensaban, pero solo vine a mostrar la luz.

NARRADOR: Oh, lo siento, Juan. Bueno, Juan bautizó a muchos para prepararlos para la luz que había de venir. Y por eso la gente lo llamaba Juan el Preparado.

JUAN: Más bien Juan el Bautista.

NARRADOR: Ah, sí. Bueno Juan el que sea era un tipo nada común. Se vestía con piel de camello, la cual hacía años que había pasado de moda. Olía mal también.

JUAN: Oye, no me critiques. ¿Ves este cinturón? ¡Es de piel genuina!

NARRADOR: No era solo que Juan se vestía raro...

JUAN: No raro, solo diferente.

NARRADOR: Está bien, no era solo que Juan se vestía diferente, sino que también comía ra... digo, diferente.

JUAN: Me gusta la langosta y la miel silvestre.

NARRADOR: ¡Fuchi!

JUAN: No tienes buen gusto para las cosas finas de la vida, ¿verdad?

NARRADOR: Pero a pesar de cómo se vestía Juan o de lo que comiera, brindó un mensaje que la gente necesitaba escuchar.

JUAN: ¡Arrepiéntanse y vuélvanse de sus pecados pues el reino de los cielos está más cerca de lo que se imaginan! Generación de víboras, quiénes se creen...

NARRADOR: ¿Generación de qué?

JUAN: Generación de víboras. Significa que eran todos serpientes en el suelo.

NARRADOR: ¿No crees que eso fue un poco rudo?

JUAN: ¿Crees que eso es rudo? Sigue escuchando.

NARRADOR: Está bien...

JUAN: Ahora, ¿dónde estaba? Ah... sí. Ustedes, generación de víboras... ¿quién les enseñó a escapar de la ira venidera? Al menos actúen como si de verdad pidieran perdón. Dejen de mirar al pasado para obtener la salvación.

NARRADOR: Mucha gente se hacía preguntas... acaudalados ciudadanos de clase media...

CIUDADANO DE CLASE MEDIA: ¿Qué puedo hacer?

JUAN: Si tienes dos camisas, regala una a alguien que no tenga.

NARRADOR: ... recolectores de impuestos...

RECOLECTOR DE IMPUESTOS: Señor, ¿me preguntaba qué debo hacer?

JUAN: ¡No cobres más de lo que debes!

NARRADOR: ... aun soldados.

SOLDADO: ¿Qué hay de nosotros?

JUAN: No tomen dinero a la fuerza o acusen a alguien falsamente. Ah, sí... y no se vayan a huelga por dinero.

NARRADOR: Y como todos los predicadores hacen, Juan siguió predicando.

JUAN: Ahora yo los bautizo en agua, pero viene alguien después de mí alguien que es mayor que yo. ¡Quiero decir que no puedo desamarrar sus Nikes sin sentirme indigno! Él los bautizará en una forma muy diferente a la mía. Yo bautizo en agua... ¡pero él va a bautizarlos con el Espíritu Santo!

NARRADOR: Ahora, mientras Juan hacía esto, los sacerdotes hacían otra cosa.

SACERDOTE 1: ¡Qué barbaridad! Casi nadie viene de compras al bazar del gran templo... ¡todos están en la reunión de avivamiento de Juan!

SACERDOTE 2: Debe de haber alguna forma de deshacernos de Juan el Preparado.

NARRADOR: Es el Bautista... Juan el Bautista.

JUAN: Gracias por su aclaración.

NARRADOR: De nada.

SACERDOTE 1: ¿Y si vamos a hablar con él dulcemente? Quizás no sea tan raro como pensamos.

SACERDOTE 2: ¿Has comido langostas con miel?

SACERDOTE 1: ¡Fuchi!

NARRADOR: Así que los sacerdotes fueron a donde Juan bautizaba.

SACERDOTE 1: Yo le voy a preguntar.

SACERDOTE 2: Está bien.

SACERDOTE 1: Disculpa, ¿tú eres Juan?

JUAN: Quienquiera que sea, no soy quien ustedes piensan que soy.

SACERDOTE 1: Bueno, francamente no creo que seas alguien especial, pero me preguntaba si tú piensas que eres alguien especial.

NARRADOR: Ahora bien, si Juan hubiera dicho que él era el Mesías, tú sabes, el Salvador esperado, los sacerdotes lo hubieran mandado a matar por blasfemo, por decir que él era Dios.

SACERDOTE 2: (Mientras el Sacerdote 1 regresa) ¿Y bien? ¿Qué dijo?

SACERDOTE 1: Dice que no es alguien especial. ¿Qué hacemos ahora?

SACERDOTE 2: ¿Le preguntaste si pensaba que él era el Mesías?

SACERDOTE 1: Bueno, no le pregunté eso exactamente.

SACERDOTE 2: ¿Por qué no?

SACERDOTE 1: La piel de camello olía horrible, así que no podía acercarme mucho a él... tú sabes, me puse a pensar acerca de ese pobre camello corriendo sin piel, desnudo... Debe estar pasando frío.

NARRADOR: ¿Le vas a preguntar o no?

SACERDOTE 1: ¡Está bien, está bien! (Camina hacia Juan) ¿Eres el Mesías?

JUAN: ¡Para nada!

SACERDOTE 2: Entonces ¿quién eres... Elías?

JUAN: No.

SACERDOTE 1: ¿Un profeta?

JUAN: Equivocado de nuevo.

SACERDOTE 2: Caramba, no es justo. Bueno, comencemos de nuevo... ¿animal, vegetal o mineral?

JUAN: Estás utilizando tus 20 preguntas rápidamente.

SACERDOTE 1: Bueno, ¿quién eres? ¿Qué dices de ti mismo?

JUAN: Soy una voz.

SACERDOTE 2: Jamás había visto a alguien así antes.

SACERDOTE 1: ¿Qué haces?

JUAN: Clamo en el desierto.

SACERDOTE 1: ¿Por qué clamas en el desierto? ¿Acaso no puedes clamar en tu cuarto donde tu mamá y tu papá te puedan consolar?

NARRADOR: No es un lloriqueo, es una especie de predicación. Ya sabes, como uno que clama por la ciudad.

SACERDOTE 1: Oh, ya entiendo. ¿Por qué clamas?

JUAN: ¡Para preparar el camino del Señor!

SACERDOTE 2: Bueno, si tú no eres él, ¿por qué estás bautizando?

JUAN: ¡Ya les dije que viene uno detrás de mí que es mayor y los bautizará con el Espíritu Santo y con fuego! ¡Por cierto, está parado entre la multitud! ¡Él es el Cordero de Dios que quita el pecado del mundo!

NARRADOR: La multitud se quedó muy callada y un hombre salió de en medio de la multitud y caminó hacia Juan. Los sacerdotes, incrédulos, no comprendían lo que estaba sucediendo. Después algo misteriosos ocurrió: Las nubes se abrieron y algo que parecía una paloma bajó y descansó sobre él. Los que estaban ahí tuvieron diferentes reacciones ante este evento. En ese día este hombre obtuvo cuatro seguidores.

¿Cómo reaccionarías si este hombre hiciera la misma aparición en el día de hoy?

FIN

El Testigo

PERSONAJES
- José • Nicolás • Señor Fernández (vestido en un traje oscuro, con un aire de grandeza)

UTILERÍA
- Mesa • Libros de texto • Libreta pequeña

• • • • • • • • • • • • • • • • • • • •

Se encienden las luces sobre una típica reunión de estudiantes. José está sentado estudiando para un examen. Nicolás, un estudiante muy desinhibido, camina hacia la mesa de José y se sienta justo junto a él, ignorando todas las sillas vacías a su alrededor.

NICOLÁS: ¿Cómo estás? ¿Vives por aquí?

JOSÉ: (Mirando aún a los libros) Sí.

NICOLÁS: ¿Dónde?

JOSÉ: (Aún leyendo) En los dormitorios.

NICOLÁS: ¿De verdad? Pensé en vivir ahí un tiempo. ¿Cómo es? (José no contesta; se hace una pausa extraña) ¿Estudias aquí todo el tiempo?

JOSÉ: (Por fin se rompe la concentración, mira a Nicolás de forma fea) ¡Sí, estudio aquí porque en los dormitorios hay mucha gente que me molesta y no me puedo concentrar!

NICOLÁS: Sí, debe ser difícil estudiar con la gente molestándote todo el tiempo.

JOSÉ: ¡Sí lo es!

NICOLÁS: (Comienza a hablar rápidamente, actúa muy nervioso e inseguro) ¿Eres salvo?

JOSÉ: ¿Qué?

NICOLÁS: ¿Eres salvo? Verás, pertenezco al Club de Estudiantes Cristianos Ve con Dios y estamos haciendo una entrevista para ver quién va a ir al infierno. Pero no tienes que irte al infierno. (Nicolás saca un librito llamada «¡DIOS TE QUIERE A TI!») Aquí en este pequeño libro se explica cómo puedes tener vida eterna. En la página uno dice: «Te estás escondiendo de Dios en la maldad de tus horribles pecados. Debes arrepentirte».

JOSÉ: (Con la boca abierta y sin palabras hasta este punto) Espera un minuto...

NICOLÁS: Deja las preguntas para cuando termine de leerlo todo.

JOSÉ: Si no es obvio, quiero que sepas que estoy tratando de estudiar.

NICOLÁS: Solamente faltan tres páginas más. Ahora, este versículo en la Biblia...

JOSÉ: (Fuerte) ¡No estoy interesado en tus ideas religiosas raras!

NICOLÁS: (Pausa) ¿Cómo te llamas?

JOSÉ: Mi nombre no es importante. ¿Puedes irte, por favor, para que yo pueda seguir estudiando?

NICOLÁS: Si no me escuchas, tu nombre, como quiera que te llames, no estará escrito en el Libro de la Vida, lo que significa...

JOSÉ: (Muy enojado explota) ¡Mira! ¡Estoy tratando de estudiar! ¿Eres tan ignorante como para no verlo? ¿Qué sucede con ustedes los fanáticos de Jesús? ¿Trabajan con comisión? ¿Les dan una estrellita en su halo por cada alma que se salva? Bueno, ¡no estoy interesado... así que vete!

NICOLÁS: (Pausa, muy serio) Él dijo que seríamos perseguidos.

JOSÉ: (Resignado) ¡No lo puedo creer! (Cierra el libro, rompe el librito y se lo lanza en la cara a Nicolás, luego se va murmurando algo acerca de los fanáticos locos. Las luces se apagan excepto una que está al centro del escenario. Nicolás se levanta y se pone bajo la luz)

SR. FERNÁNDEZ: (Desde la oscuridad detrás de Nicolás) Eso estuvo muy bien Nicolás.

NICOLÁS: (Se incorpora y cambia por completo su compostura, pasando a ser una persona fuerte y agresiva) Eso no solo estuvo «muy bien».

SR. FERNÁNDEZ: (Sale a la luz con Nicolás) ¿Qué quieres decir?

NICOLÁS: Que eso es de lo mejor que has visto. Yo lo sé, tú lo sabes, y el Número Uno lo sabe también.

SR. FERNÁNDEZ: Por esto he venido a hablar contigo. El Número Uno tiene una nueva misión para ti.

NICOLÁS: Ya era hora.

SR. FERNÁNDEZ: Hay una nueva iglesia y un café que acaban de abrir al norte de la ciudad. El dueño del lugar tiene una relación íntima con el Enemigo. Es muy peligroso y podría cambiar todo para nosotros allí sin alguien que esté cerca. El Número Uno piensa que eres lo suficientemente creativo para salir con algo nuevo. Vamos a enviarte como un adicto a la heroína, pero si no puedes lidiar con eso, háznoslo saber para que otros arreglos puedan ser hechos ¿Puedes con esta tarea?

El Testigo—3

NICOLÁS: Sí puedo.

SR. FERNÁNDEZ: Está bien. Déjame advertirte Nicolás, que no permitimos que demonios de tu estatura tomen un trabajo como este. Si fracasas…bueno, ya sabes lo que sucederá.

NICOLÁS: Lo sé

SR. FERNÁNDEZ: Muy bien. Comienzas de inmediato.

FIN

Pero Señor, ¿Eso no es Demasiada Actuación?

PERSONAJES
- El Señor • Josué • General Bería
- Comandante Nadab • Simeón • Itmar
- Caleb • Trompetista • Cortina (persona cargando un cartelón)

UTILERÍA
8 Tarjetas con las siguientes palabras escritas en ellas:
- Presentando: Pero Señor, ¿eso no es demasiada actuación?
- Al día siguiente
- Al segundo día
- Al tercer día
- Al cuarto día
- Al quinto día
- Al sexto día
- Al séptimo día

UTILERÍA SUGERIDA PARA LOS DISFRACES
- Espadas de palo • Cascos hechos de pelotas de plástico y tapas de ollas como yelmos de combate (decorados con estrellas)

El drama comienza con todos los personajes amontonados discutiendo fuertemente sobre la batalla que está a punto de acontecer.

JOSUÉ: De acuerdo, mis valientes, ya saben para qué estamos aquí. Tenemos que tomar Jericó. Hemos estado rodando por el desierto 40 años y ahora, finalmente hemos llegado a la tierra prometida. Pero, ¿qué sucederá cuando lleguemos allá? Tenemos una ciudad protegida con muros que conquistar. Es por eso que les ordené que se reunieran conmigo. Pensé que podíamos pensar en un plan para atacar y capturar Jericó. General Bería, ¿alguna sugerencia?

BERÍA: ¡Matarlos de hambre! Pienso que debemos rodear la ciudad, cerrar todos los caminos que llevan a ella y matarlos de hambre.

JOSUÉ: No es mala idea, General. Ha funcionado antes, pero el problema es que Jericó posee manantiales naturales bajo ella que le proveen del agua suficiente. Y nuestros espías reportan que hay al menos cosechas de granos de dos años guardadas allí. Supongo que podemos sentarnos ahí por tres años pero eso disminuiría nuestro elemento sorpresa. Debemos pegar rápido. En tres años podrían tener a los ejércitos cananeos rodeándonos a nosotros. ¿Alguna idea, Comandante Nadab?

NADAB: Envía a que traigan árboles enormes para echar abajo las puertas.

ITMAR: Es un plan digno mi señor… a excepción de que no hay árboles como esos alrededor. Si tan solo Moisés estuviera aquí…

JOSUÉ: (Irritado mirando hacia Itmar) Simeón, ¿qué hay de ti? Tú siempre estás listo para la batalla.

SIMEÓN: Creo que debemos pelear. Rodear la ciudad y comenzar a atacar. Si les damos suficiente tiempo y duramente con todo el poder de nuestras armas, al final se cansarán.

JOSUÉ: El problema con eso Simeón, es que esas paredes son muy altas y muy anchas. Realmente no tenemos suficientes armas. Necesitamos otro plan.

ITMAR: Tengo una idea.

TODOS: (Murmurando y codeándose unos a otros con sonrisas falsas) ¡Itmar tiene otra idea!... ¡Esto va a estar bueno!... Apenas puedo esperar a oír esto… (etc.)

ITMAR: ¿Y si construimos un caballo enorme de madera con ruedas? Ponemos soldados dentro y después, cuando metan el caballo a la ciudad, los hombres saltan y abren las puertas para dejar entrar a nuestro ejército.

JOSUÉ: De dónde te salen estas ideas Timar... de «La Revista del Cananeo?» Caramba... ¿Qué dices tú Caleb?

CALEB: Sitiemos la ciudad. Después lograríamos llegar hasta arriba. Podemos buscar canastas y llenarlas con tierra. Que nuestros hombres las carguen hasta el muro y las vacíen tan rápido como puedan. Tendríamos una rampa en poco tiempo.

JOSUÉ: ¡Eso es grandioso!

SEÑOR: Josué. (El Señor está fuera de escena; solo se escucha una voz)

JOSUÉ: (Mirando alrededor con curiosidad) ¿Qué?... ¿Quién es?

SEÑOR: (Más fuerte) ¡Josué!

JOSUÉ: (Apartándose) Hmm... esperen unos momentos muchachos. Tómense 10 minutos.

ITMAR: (Disgustado) Desearía que Moisés estuviera aquí.

JOSUÉ: ¿Sí, Señor?

SEÑOR: ¿Qué haces?

JOSUÉ: Planeando el ataque contra Jericó, Señor.

SEÑOR: ¿Ya decidiste algo?

JOSUÉ: Bueno, estamos discutiendo matarlos de hambre, un ataque con toda la fuerza que tenemos... ahora estábamos pensando en sitiar la ciudad.

SEÑOR: ¿Itmar contribuyó con sus ideas... hmm... originales?

JOSUÉ: Sí, Señor, dijo algo de un caballo de madera.

SEÑOR: Me pregunto dónde aprendería a leer griego... En fin, como el comandante en jefe, ¿puedo sugerir algo?

JOSUÉ: ¡Por supuesto! Hmm... déjame ir por algo para escribir... (A sus hombres) ¡Oigan! ¡Él tiene una idea para nosotros! (Al Señor) Está bien, estoy listo.

SEÑOR: Primer día: junta a los hombres más fuertes que tengas.

JOSUÉ: Correcto.

SEÑOR: Marchen alrededor de la ciudad.

JOSUÉ: (Escribiendo) «... alrededor de la ciudad». Está bien.

SEÑOR: Tómense el resto del día de descanso.

JOSUÉ: «Tómense el resto...» ¿Qué? ¡Estás bromeando!

SEÑOR: Jamás fui un gran bromista, Josué. Sigue escribiendo. Día dos: la misma cosa. Día tres: igualito. Y así hacen por un total de seis días. En el séptimo día, después de marchar alrededor de la ciudad siete veces, griten... ¡y la ciudad será de ustedes!

JOSUÉ: (Pausa mientras Josué trata intensamente de ser un estratega militar pensando en el plan) Sin ofenderte Señor, pero este plan nos lleva directo al hoyo... al menos esa es mi opinión. Solo gritamos ¿y todo se colapsa? Señor, no sé... No me van a creer esto. ¿No crees que todo es un poco dramático? ¿Mucho espectáculo?

SEÑOR: (Aclarándose la garganta) Josué, ¿tuviste algo que ver con las plagas de Egipto?

JOSUÉ: No, Señor, no tuve nada que ver.

SEÑOR: ¿Tuviste algo que ver cuando el Mar Rojo fue abierto?

JOSUÉ: No, Señor, tú lo hiciste solo.

SEÑOR: ¿Tuviste algo que ver con el maná en el desierto?

JOSUÉ: No, Señor.

SEÑOR: ¿Sabes cómo golpear una roca y hacer que salga suficiente agua de ella para calmar la sed de un millón o más de personas?

JOSUÉ: No, Señor. Y no tuve nada que ver con la zarza ardiente o cuando las aguas se abrieron en el Jordán.

SEÑOR: Podrías decir que tengo una reputación de hacer las cosas un poco diferentes.

JOSUÉ: (Mirando hacia arriba) Está bien. Ya te entendí. Lo haremos a tu manera. (Se dirige a donde están todos) De acuerdo, mis guerreros... tengo otro plan.

ITMAR: ¿Vamos a construir un camello gigante?

JOSUÉ: ¡No! ¡Y deja de desear que Moisés esté aquí! No está, pero yo sí estoy. Y soy quien se encuentra a cargo. Moisés desapareció en el monte y no hemos oído de él desde entonces. Estoy seguro de que está muerto. De cualquier manera, aquí están las órdenes. En la mañana nos alineamos. Itmar, tú te encargas de la persona que tocará la corneta. Iremos cargando el Arca del Pacto. Marcharemos alrededor de la ciudad en una sola fila y todos deben estar muy callados. Después, tómense el día de descanso.

TODOS: (Se muestran incrédulos y sorprendidos, algunos murmuran)

JOSUÉ: Me escucharon bien. El segundo día haremos lo mismo. ¿Me entendieron? Haremos lo mismo por seis días, después en el séptimo día marcharemos alrededor de la ciudad siete veces. Todos de frente a la ciudad y la corneta tocando a todo lo que da, gritaremos y los... muros... este... se caerán. Yo sé que suena muy loco pero vamos a hacerlo igual a como él nos dijo. Si no funciona, será su culpa no nuestra. Los veo en la mañana. (Todos salen del escenario. La Cortina se mueve a través del escenario con el cartelón de: «AL DÍA SIGUIENTE». La corneta suena y todos comienzan a levantarse menos Itmar)

JOSUÉ: De acuerdo, todos arriba. Vayámonos. Todos formados. Debemos vernos muy bien. Vamos a marchar una vez, mis valientes. Y todos callados, excepto el que toca la corneta. Eso es una corneta ¿no? ¿Dónde está Itmar? (Itmar se levanta) Itmar, te quedaste dormido.

ITMAR: ¿Sabes lo que pienso Josué? Yo creo que Moisés está vivo y bien, y viviendo en la Riviera.

JOSUÉ: ¡Itmar! ¿Tienes la corneta número uno?

ITMAR: (Se encoge de hombros y va a la formación) Sí.

JOSUÉ: (Todos marchando alrededor de una porción del cuarto) Está bien. Una vez alrededor de la ciudad. Un, dos, tres, cuatro. ¡Sigan sonriendo! Sigue Itmar ¡Toca la corneta! Está bien. Eso es todo. Nos vemos a la misma hora y en el mismo lugar haciendo la misma cosa mañana. (La Cortina sostiene un cartelón que dice «AL SEGUNDO DÍA»)

JOSUÉ: Está bien, mis guerreros. Todos en línea. Ahora, recuerden, solamente una vez alrededor de la ciudad.

BERÍA: ¿Viste cómo nos miraron ayer? Salieron y miraban desde los muros preguntándose qué tramábamos.

JOSUÉ: (Hablando consigo mismo) ¡A veces me pregunto! (A los hombres) Bueno, ahora vayamos otra vez… Un, dos, tres, cuatro (Los personajes continúan marchando mientras la Cortina se mueve a través del escenario mostrando el cartelón «AL TERCER DÍA». Y así sucesivamente hasta finalizar con el cartel que dice: «AL SÉPTIMO DÍA»)

JOSUÉ: (Los hombres se detienen un momento) Bueno, valientes, este es nuestro gran día. Espero que estén en forma. Marcharemos siete veces alrededor de la ciudad. ¡Corneta, tu gran actuación será después de la séptima vuelta! En ese momento todos voltéense hacia la ciudad, griten y observen. Muy bien, mantengan su paso. Un, dos, tres, cuatro. ¡Adelante, marchando! ¡Eso es! ¡Mantengan el paso! ¡Que se oiga esa corneta! Esta es la segunda vuelta… la tercera. Cuarta vuelta. Quinta… sexta… séptima vuelta. ¡De acuerdo, este es el momento! ¡Que suene esa corneta hasta reventar! ¡Griten todos! (Todos gritan) ¡Oh, esto funciona… oh… a la carga, mis valientes! ¡Tomen la ciudad! Itmar, ¿viste eso?

SEÑOR: ¡Josué!

JOSUÉ: (Mirando hacia arriba) ¿Eh? ¡Oh! Vamos Itmar (Le señala fuera del escenario) ¡Sí, Señor! ¿Viste eso? Fue asombroso ¡Qué gran plan!

SEÑOR: Josué, tranquilo, escribe esto.

JOSUÉ: Oh, sí, Señor. Lo escribiré.

SEÑOR: Obediencia completa y estricta al Señor produce efectos increíbles y dramáticos.

JOSUÉ: Eso es fantástico. Gracias Señor, ¡jamás lo olvidaré! ¡No señor!

SEÑOR: No me llaman omnipotente por nada. Y Josué… dile a Itmar que Moisés está aquí conmigo.

JOSUÉ: (Con una gran sonrisa y mirando hacia la salida) ¡Itmar! ¡Hey, Itmar! ¡Vaya si te tengo noticias…!

FIN

Cartas para Mamá

CARTA 1

10 Tammuz, 3787

Querida Mamá:

Paz del Dios de nuestros antepasados y de tu hijo distante, Saulo. Bueno mamá, he llegado a salvo. El barco zarpó apaciblemente de Chipre y paramos en Salami a medio día. Tuve suficiente tiempo para visitar a tía Beula.

Por cierto, la pequeña Elizabeth ya no es pequeña. Se casó con el hijo del alfarero, un hombre muy bueno llamado Clypo. Están esperando su primer bebé a principios de Purim. ¡Quisiera que todos sus hijos fueran varones! Eso me recuerda algo, si puedo llegar a casa en la primavera, te llevaré algo de lino púrpura para el regalo de bodas de la hermana María. ¡Espero que encuentre a un esposo pronto!

De ahí viajamos a la costa de Jope. Luego hicimos una larga jornada desde la costa hasta Jerusalén. Cuando pudimos ver los enormes muros y las puertas magníficas, estaba demasiado cansado como para que me importara. Me fui directo a Vía Blanco. Enseguida reconocí al señor Benarma. Recibió tu carta y me dio la bienvenida. Su hijo Simeón asistirá conmigo a las clases de Gamaliel.

Después de un día de descanso, di una vuelta por la ciudad. ¡Qué emoción! Mamá, tú y papá deben venir aquí algún día. ¡Imagínate! Me detuve sobre la roca en la que Abraham se paró. Vi con mis propios ojos la tumba del rey David, incluso toqué con mis propias manos los bloques gigantes del templo de Salomón. ¡Oh, que nuestros ojos puedan ver el día cuando el León de la Tribu de Judá reine y gobierne en Jerusalén de nuevo! Quizás... el próximo año, en la Pascua.

El odio hacia los romanos aquí es diez veces peor que en Tarso. Y hay profetas en cada esquina de la ciudad. Incluso escuché que había uno muy extraño en el río Jordán. Debo ir a verlo... solo para reírme claro está. Parece que tiene la habilidad de hacer que todos se enojen con él. Tal y como el carnicero en Tarso, ¿verdad mamá?

Oh, y debo mencionar a otro. Pasa el tiempo principalmente en el norte, alrededor de Galilea. Escuchamos rumores de que sus enseñanzas son problemáticas. Pero no te preocupes por mí. No voy a tener nada que ver con esta gente. Estoy aquí para aprender de Dios y de nuestros antepasados.

Por favor, dile a papá que los honorarios de las clases de Gamaliel son más caros de lo que yo pensaba. Debo trabajar con el señor Benarma en el negocio de las tiendas para ganar algo de dinero. Si tienes un denario extra, sé de un estudiante muy trabajador que le daría buen uso.

Dale mi amor a Fineas, Elías y Challa; también, por supuesto, a María y al resto de la familia.

Salúdense unos a otros con un beso santo.

Tu hijo,

Saulo

Cartas para Mamá

CARTA 2

23 Nisán, 3790

Querida Mamá:

Paz del Señor de los cielos y de Saulo, tu hijo obediente y fiel.

Espero que mi retraso en escribirte no te haya causado mucha ansiedad. He estado muy ocupado con mis estudios de la Mikra y el Talmud. Oh mamá, la capa que me mandaste es hermosa. Me queda perfecta y la uso en los días fríos.

Hace algunas semanas tuvimos algo de tiempo libre, así que Simeón, Rabin y yo caminamos hacia el Jordán para escuchar al predicador del que te hablé. Su nombre es Juan. ¡Qué impresión! Usaba ropas de piel de camello y predicaba como un hombre loco sobre el rey Herodes. No me sorprendió escuchar más tarde que fue arrestado y echado en la cárcel.

¿Ah sí, recuerdas al que te mencioné de Galilea? En realidad es nazareno... su nombre es Jesús. Había muchos que le seguían en el norte. Es un maestro moral primitivo a lo sumo. No tiene ningún trasfondo académico. Solamente es un carpintero de Galilea. ¡Que el Señor de los cielos nos libre de estos problemáticos ignorantes!

Te digo mamá, hay una gran necesidad de las enseñanzas tradicionales sólidas. Bueno, supongo que arrestarán a este también. Así sea.

Dile a papá que ciertamente aprecié los diez denarios. Claro está que ya no tengo nada, pero sí me ayudó a comprar la mitad de los rollos que necesitaba. Ahora, si pudiera comprar la otra mitad...

Te envío esta carta a través de Benjamín. Por favor dime qué está sucediendo. No me dice nada de Tarso, solo de María.

Saludos a todos mis amigos.

Tu hijo el viajero,

Saulo

Cartas para Mamá

CARTA 3

23 Shebat, 3793

Querida Mamá:

Paz de tu hijo Saulo.

Los acontecimientos aquí han estado moviéndose a la velocidad de la luz. Estaba preparándome para ir a Damasco en un viaje oficial de negocios del Sumo Sacerdote.

Como podrás ver, la letra no es la mía. Estoy dictando esta carta a mi secretario. Sí, tengo personal a mi cargo ahora. Eso viene con la responsabilidad de ser presidente del Consejo de Fariseos Jóvenes en Jerusalén. La mayoría de mis estudios han sido suspendidos por los disturbios. Este Jesús de Nazaret —que su alma sea atormentada por siempre— sigue agitando a la gente en el norte. Todos sabíamos que sería cuestión de tiempo hasta que viniera a Jerusalén.

Llegó durante la Pascua. Primero convenció a la gente de Betania —que Dios perdone sus corazones sencillos— de haber resucitado a una persona de los muertos. Sí, realmente lo creen. Después marchó hacia la ciudad guiando a un ejército de seguidores. Fue directo al templo y sacó a todos los mercaderes.

Más tarde cuando escuché que había una recompensa por alguna información que llevara a su captura, decidí investigar yo mismo. Pero mi esfuerzo no fue necesario. El día antes del Sabbath, Simeón me despertó.

«Lo tienen», dijo. «Lo arrestaron anoche».

Nos fuimos al consejo. Pero para nuestra sorpresa el juicio había terminado. Todavía no sé cómo lo pudieron hacer tan rápidamente. El gobernador Pilato pronunció un veredicto de castigo capital y fue crucificado con otros ese mismo día.

La semana siguiente Rabin vino a donde yo estaba antes de comenzar la clase y dijo: «Dicen que el nazareno está vivo».

¿Lo puedes creer mamá? La gente en realidad está diciendo que un hombre muerto vivió de nuevo. Bueno, todos nos reímos mucho. Sin embargo, varias semanas después algunos de sus seguidores se presentaron en la ciudad y provocaron disturbios en los servicios de la sinagoga con sus historias. No solo dijeron que su maestro está vivo, sino que le llamaron nuestro tan esperado Mesías.

En ese momento no pude contenerme. La vieja sangre de Tarso me hirvió. No tenía idea de que el movimiento pudiera ser tan blasfemo.

Arrestamos y encarcelamos a cada seguidor que pudimos encontrar. Deshicimos cada reunión, interrumpimos cada enseñanza, y en general echamos fuera a muchos de Jerusalén.

Carta para Mamá 3

Pero siguieron esparciendo sus mentiras en la provincia.

Hice una petición personal al Sumo Sacerdote (nos hemos convertido en muy buenos amigos, mamá) y recibí el permiso para viajar por toda el área arrestando a todos los que encuentre. Puedes decir que soy el jefe de investigaciones.

Pero por favor mamá, no te preocupes. No son violentos. Usualmente ni siquiera ponen alguna resistencia. Creo que tendremos todo limpio en un año. Y ciertamente esto no perjudicará mi posición en Jerusalén.

No esperes que escriba por un tiempo. Dile a María que siento mucho haberme perdido su boda. ¡Que sea madre de doce hijos! Benjamín es un buen hombre. Trátalo bien mamá.

Saluda a todos en el amor del Santo.

Tu hijo,

Saulo

Cartas para Mamá
CARTA 4

5 Elul, 3793

Querida Mamá:

Gracia y paz de Dios nuestro Padre y del Señor Jesucristo. Sí, mamá, leíste bien. El Señor Jesucristo.

Seguramente esta será la carta más difícil de entender para ti. Por favor, sé paciente y lee todo lo que tengo que decir.

Ya no estoy inscrito en la escuela. Ya no estoy viviendo con Benarma. Ya no soy el presidente (o miembro siquiera) del Consejo de Fariseos Jóvenes. Y ya no soy un hombre joven inquieto. He encontrado mi paz ante Dios nuestro Padre en el cielo.

¿Por dónde comienzo?

Te dije en mi última carta que iría a Damasco. Era casi mediodía, el último día de nuestro viaje, cuando pudimos observar la ciudad en el horizonte. De pronto una luz brillante nos rodeó a todos.

Mamá, tú sabes que siempre he sido honesto contigo y con papá. Debes creer lo que te voy a decir. Fue como si el sol hubiera explotado delante de nosotros. Tenía tanto miedo que caí de cara al suelo. Todo lo que podía pensar era: «Seguramente este es el día del juicio. ¡El día del Señor ha llegado!»

Una fuerte voz me habló: «Saulo, Saulo, ¿por qué me persigues?» Estaba petrificado. No dije nada en ese momento, pero pude contestar con temor: «¿Quién... quién eres Señor?»

«Soy Jesús», dijo la voz.

Así que era verdad después de todo. Todas mis obras de justicia y piedad pasaron delante de mis ojos. Veía a mujeres y a niños llorando mientras arrastraba a sus esposos y padres a la cárcel. Podía ver el cuerpo de Esteban mientras yo gritaba animando a todos para que lo apedrearan. Mis ojos se llenaron de lágrimas. Sabía que era hombre muerto.

«Oh, Señor», clamé. «¿Qué debo hacer?»

Entonces la voz me habló sin condenación, dándome ánimo. «Levántate. Con este propósito me he aparecido a ti, para que seas ministro y testigo mío».

Estaba completamente aturdido, así que me dijo de nuevo: «Levántate y ve a la ciudad. Ahí se te dirá lo que debes hacer».

Cuando me puse de pie me di cuenta de que estaba completamente ciego. Creo que tropecé pues mis compañeros de viaje me agarraron del brazo y me escoltaron a la ciudad. Todo el tiempo lo pasé pensando. ¿Qué significaba esto? ¿Es Jesús realmente el Mesías? ¿Es más que el Mesías?

Tres días después un hombre entró a la casa donde me estaba quedando. Sentí sus manos sobre mi cabeza y le oí decir: «Hermano Saulo, el Señor Jesús, quien se te apareció en el camino, me ha enviado para que recuperes tu vista y seas lleno del Espíritu Santo».

Mamá, cuánta paz y poder tuvieron esas palabras. «Hermano Saulo», me dijo, e inmediatamente pude volver a ver.

Después me pregunto: «¿Crees que Jesús resucitó de los muertos?»

«Si», le contesté.

«¿Renuncias al poder del mundo, de la carne y del diablo?»

Y dije que sí.

Oh, mamá, mi corazón está quebrantado por ti y por papá. ¡Qué extrañas deben sonarte estas palabras! Todo lo que puedo decir es la verdad y asegurarte mi amor.

Salúdense unos a otros con un beso fraternal. Y que el gozo del Señor Jesús pronto pueda morar en cada uno de sus corazones.

Tu hijo fiel,

Saulo

FIN

El Drama de la Vida del Cuerpo

PERSONAJES
• Lector • Nariz (tímido, estornuda mucho) • Pie (usa zapatos grandes)
• Oreja (usa audífonos) • Ojo (usa lentes grandes) • Cabeza (usa un sombrero grande)

• •

El drama comienza con las partes del cuerpo reunidas

LECTOR: Voy a leer una porción de 1 Corintios capítulo 12: «Aunque el cuerpo es uno solo, tiene muchos miembros… (las partes del cuerpo se separan y comienzan a mostrar sus talentos individuales conforme el Lector continúa) y todos los miembros, no obstante ser muchos, forman un solo cuerpo. Así sucede con Cristo. Todos fuimos bautizados por un solo Espíritu para constituir un solo cuerpo —ya seamos judíos o gentiles, esclavos o libres—, y a todos se nos dio a beber de un mismo Espíritu.

Ahora bien, el cuerpo no consta de un solo miembro sino de muchos. Si el pie dijera:

PIE: "Como no soy mano, no soy del cuerpo".

LECTOR: … no por eso dejaría de ser parte del cuerpo».

PIE: Oh, claro que sí. Es decir, puedo ir a lugares, llevar a los viejitos a la iglesia, y manejar hasta donde dan comida gratis. Pero no puedo dar mucho dinero o cocinar un platillo como lo hace la mano. ¡Quizás no soy tan necesitado aquí!

LECTOR: «Y si la oreja dijera…

OREJA: "Como no soy ojo, no soy del cuerpo".

LOCUTOR: … no por eso dejaría de ser parte del cuerpo».

OREJA: ¿Ah sí? Pues yo puedo escuchar y entender un buen sermón bastante bien, pero no puedo ver los lugares donde se necesita ayuda, como lo puede hacer el ojo. ¿De qué sirve escuchar y entender si no puedes ver y hacer nada? ¡Quizás no soy tan necesitada aquí!

LOCUTOR: «Si todo el cuerpo fuera ojo, ¿qué sería del oído? Si todo el cuerpo fuera oído, ¿qué sería del olfato? En realidad, Dios colocó cada miembro del cuerpo como mejor le pareció. Si todos ellos fueran un solo miembro, ¿qué sería del cuerpo? Lo cierto es que hay muchos miembros, pero el cuerpo es uno solo. El ojo no puede decirle a la mano…»

OJO: «¡No te necesito mano!» Al fin y al cabo, soy la parte más importante de todas aquí. Eso es obvio. Todos pueden ver que sin mí, el cuerpo se tropieza en la oscuridad. ¿De qué sirves tú, mano?

LOCUTOR: «Ni puede la cabeza decirles a los pies…»

CABEZA: «No los necesito». Yo puedo pensar y razonar y tomar todas las decisiones importantes sin ninguna ayuda de ustedes. Soy el cerebro de este cuerpo.

El Drama de la Vida del Cuerpo—2

LOCUTOR: (En este punto todas las partes del cuerpo comienzan a discutir unas con otras, así que el Lector debe rogarles que se detengan; la nariz se sale de la discusión y comienza a llorar) «Al contrario, los miembros del cuerpo que parecen más débiles son indispensables, y a los que nos parecen menos honrosos los tratamos con honra especial. Y se les trata con especial modestia a los miembros que nos parecen menos presentables, mientras que los más presentables no requieren trato especial. Así Dios ha dispuesto los miembros de nuestro cuerpo, dando mayor honra a los que menos tenían, a fin de que no haya división en el cuerpo, (la discusión se empeora progresivamente) sino que sus miembros se preocupen por igual unos por otros». Oh, me rindo. (El Lector se va exasperado)

OÍDO: Oigan, esperen un minuto. ¡Escuchen! Alguien está llorando. (Todos finalmente se callan)

OJO: Miren, es_____. (Utilizando el nombre de la persona que representa a la Nariz) La pobre, me pregunto qué tendrá.

CABEZA: ¡Tengo una idea! Podríamos averiguar.

OREJA: Hey, ¡me gusta el sonido de esa idea!

CABEZA: (Orgullosa) ¡Claro que es una buena idea!

OJO: ¿Pero, cómo llegamos allá?

PIE: Yo los puedo llevar… (todos acceden y se alinean detrás del Pie, forman un tren y se mueven hasta la Nariz)

OREJA: (A la Nariz) Escuchamos que estabas llorando y estamos preocupados por ti. ¿Te podemos ayudar de alguna manera?

NARIZ: No sé. Me siento sola algunas veces. Quisiera tener algunos amigos. Pero, ¿quién quiere ser amigo de alguien cuyo gran talento es estornudar para echar fuera los problemas?

OJO: Bueno, no sé qué opinan los demás miembros del equipo, pero me parece que tenemos un problema que necesita ser echado fuera. (Todos miran a la cabeza; la Cabeza los mira avergonzada)

CABEZA: Bueno… quizás tengan razón.

PIE: Solo ven con nosotros. No somos perfectos aún, pero cuando trabajamos juntos podemos hacer mucho bien después de todo. (Las partes del cuerpo se forman con los brazos en los hombros de los otros).

LECTOR: (Parándose al frente para leer) «Si uno de los miembros sufre, los demás comparten su sufrimiento; y si uno de ellos recibe honor, los demás se alegran con él. Ahora bien, ustedes son el cuerpo de Cristo…»

TODOS: Y cada uno de ustedes son parte de él.

FIN

¡Oh No, Jesús No Más Tiempo Extra!

PERSONAJES

- Narrador
- Pedro
- Tomás
- Santiago (hermano de Juan)
- Andrés
- Bartolomeo
- Felipe
- Judas
- Tadeo
- Jacobo (hijo de Alfeo)
- Jesús
- Juan
- Simón
- Mateo
- Persona del Pueblo 1
- Persona del Pueblo 2
- Persona del Pueblo 3

NARRADOR: Los apóstoles se reunieron con Jesús y le contaron lo que habían hecho y enseñado. Y como no tenían tiempo ni para comer, pues era mucha la gente que iba y venía, Jesús les dijo: —Vengan conmigo ustedes solos a un lugar tranquilo y descansen un poco.

PEDRO: No fue nada fácil Señor.

TOMÁS: Fue algo fingido. ¡Ni siquiera me estaban escuchando!

SANTIAGO: Juan y yo tuvimos más suerte... parecía que la gente sí quería escuchar.

ANDRÉS: Bueno, ¡claro que tuvieron suerte! Tenían a una multitud.

BARTOLOMEO: Ojalá pudiéramos decir lo mismo. Ni siquiera nos escucharon tampoco. Todo salió mal.

FELIPE: A veces me desanimo bastante. ¿Estaremos logrando algún impacto en algunos?

PEDRO: Tengo hambre. ¿A qué hora comemos?

JUDAS: Cálmate Pedro. En lo único que piensas es en tu estómago.

TADEO: ¡Sí!

JESÚS: Creo que necesitamos un tiempo para nosotros mismos. Qué les parece si nos vamos a un lugar callado para relajarnos.

JACOBO: Pedro, préstanos tu barco y vayámonos de aquí.

TOMÁS: Sí... ¿recuerdan ese lugar del otro lado del lago? ¡Jamás nos encontrarán ahí!

JUAN: Realmente necesitamos tiempo para reanimarnos. ¡Vayámonos!

NARRADOR: Así que se fueron solos en la barca a un lugar solitario. Pero muchos que los vieron salir los reconocieron y, desde todos los poblados, corrieron por tierra hasta allá y llegaron antes que ellos.

¡Oh No, Jesús... No más Tiempo Extra!—2

PERSONA DEL PUEBLO 1: ¡Hey! ¡Jesús y su gente se van!

PERSONA DEL PUEBLO 2: ¿Adónde irán?

PERSONA DEL PUEBLO 3: ¡Parece que van a atravesar el lago!

PERSONA DEL PUEBLO 1: ¡Pero yo quería hablar con él!

PERSONA DEL PUEBLO 3: Yo también. Santiago me dijo que podía preguntarle cualquier cosa y me ayudaría.

PERSONA DEL PUEBLO 1: Él ya me ayudó... miren mi pie. ¡Él lo sanó! No podía caminar antes. ¡Ahora puedo correr!

PERSONA DEL PUEBLO 3: Hablando de correr, ¡si nos vamos ahora, podemos rodear el lago por el sur y llegar antes que ellos!

PERSONA DEL PUEBLO 1: ¿Cómo crees?

PERSONA DEL PUEBLO 3: Porque no hay mucho viento hoy, ¡y seguramente no tienen un motor!

PERSONA DEL PUEBLO 1: ¡Tienes razón! ¡Estamos hablando de un viaje lento!

PERSONA DEL PUEBLO 2: Vamos... ¡vayámonos de aquí!

NARRADOR: Cuando Jesús desembarcó y vio tanta gente, tuvo compasión de ellos, porque eran como ovejas sin pastor. Así que comenzó a enseñarles muchas cosas.

PEDRO: ¡Hey Jesús! Mira, ¡yo pensé que nos íbamos a apartar un rato!

SIMÓN: Esta no es mi idea de escapar... ¡deben haber más de mil personas aquí!

MATEO: Yo digo que nos regresemos. Esto es verdaderamente ridículo.

JUDAS: No necesito esto. Esta ha sido una pésima semana de cualquier forma. Estoy harto de la gente.

JESÚS: Miren sus caras. Yo sé que estamos todos cansados y necesitamos descanso... pero miren a estas personas. Ellos nos necesitan. Por ellos estamos aquí.

JACOBO: Ellos son por lo que tú estás aquí. ¡Yo estoy cansado y tengo hambre!

JUDAS: Mira Señor. Yo sé que tú te preocupas mucho por eso de ayudar a la gente... pero necesitamos un tiempo de descanso.

TOMÁS: Sí, ¿qué hay de los fines de semana y las vacaciones? ¡Nunca tenemos descansos!

JESÚS: Miren sus ojos... están buscando un amor y una aceptación que solo Dios les puede dar.

PEDRO: Puedo entender esto pero, ¿y qué hay de nosotros?

MATEO: No les va a pasar nada si esperan unas horas. Vamos Jesús, sé razonable.

TOMÁS: Sí, a veces te pasas con esto de cuidar de la gente.

JUAN: Más te vale que te rindas Tomás. Tú sabes que él les va a hablar.

TOMÁS: Sí, sí, ya sé... ¡echa el ancla!

NARRADOR: Cuando ya se hizo tarde, se le acercaron sus discípulos y le dijeron: —Éste es un lugar apartado y ya es muy tarde. Despide a la gente, para que vayan a los campos y pueblos cercanos y se compren algo de comer. —Denles ustedes mismos de comer —contestó Jesús. —¡Eso costaría el salario de ocho meses! —objetaron—. ¿Quieres que vayamos y gastemos todo ese dinero en pan para darles de comer?

—¿Cuántos panes tienen ustedes? —preguntó—. Vayan a ver. Después de averiguarlo, le dijeron: —Cinco, y dos pescados. Entonces les mandó que hicieran que la gente se sentara por grupos sobre la hierba verde.

TOMÁS: Este... Jesús, realmente se está haciendo tarde... y por si no lo has notado, esto no está en el centro del pueblo.

JACOBO: Lo que quiere decir que no hay restaurantes o alguna tienda alrededor de aquí.

BARTOLOMEO: Sí... por qué no terminas ya para que esta gente pueda irse a casa a comer. Deben estar muy hambrientos.

JUAN: O al menos pueden ir a algún pueblo a comer. No es justo que se mueran de hambre.

JESÚS: Tienen razón, denles de comer

JUAN: ¿Denles de comer?

SANTIAGO: ¿Estás loco? ¡Hay miles de personas aquí! No somos ricos exactamente... y no hay ningún lugar para conseguir comida aunque lo fuéramos.

JUDAS: Tiene razón. Se necesitaría una pequeña fortuna para alimentar a toda esta gente, sin mencionar el problema de conseguir algo que valga la pena para comer.

TOMÁS: ¿Estás seriamente sugiriendo que consigamos algo para darles de comer a todo este montón?

PEDRO: No tenemos suficiente Jesús... ¡ni siquiera para nosotros!

JESÚS: ¿Cuánto es «suficiente»?

PEDRO: Yo no sé…

JESÚS: ¿Cuántos panes tenemos?

MATEO: No hay suficiente ni para nosotros Jesús, ¡mucho menos para toda esta gente!

TADEO: Bueno, tenemos exactamente cinco panes y dos peces muy pequeños.

JESÚS: Díganles a todos que se sienten sobre la hierba. Tomás, tú y Juan cubran esta área aquí. Pedro, tú toma la colina a la izquierda. Si todos se dividen, podremos sentarlos rápido.

NARRADOR: Así que ellos se acomodaron en grupos de cien y de cincuenta. Jesús tomó los cinco panes y los dos pescados y, mirando al cielo, los bendijo. Luego partió los panes y se los dio a los discípulos para que se los repartieran a la gente. También repartió los dos pescados entre todos.

TOMÁS: Señor... este... ¿estás seguro de que quieres que hagamos esto? Si repartimos estos pequeños pescados y estas migajas de pan, nos apedrearán o se reirán de nosotros... o ambas cosas.

JESÚS: Alimenten a la gente.

TOMÁS: Está bien Señor... pero esta vez creo que te pasaste. ¡Esto no va a funcionar!

JESÚS: Confíen en mí.

NARRADOR: Comieron todos hasta quedar satisfechos, y los discípulos recogieron doce canastas llenas de pedazos de pan y de pescado. Los que comieron fueron cinco mil.

TOMÁS: No lo creo, Jesús.

PEDRO: ¡Hubo suficiente para toda la multitud!

MATEO: ¡Era como si la cantidad siguiera aumentando y aumentando!

ANDRÉS: Sí... ¡mientras más se llevaban más había!

BARTOLOMEO: ¡Tenemos suficientes sobras de pan y pescado para alimentar a un pequeño ejército!

FELIPE: ¡Por lo menos 12 canastas!

JACOBO: Oye Jesús... ¿qué debemos hacer con todo lo que sobró?

FIN

Y NUESTRO INVITADO DE ESTA NOCHE ES _____

Llámale «Hasta en las Mejores Familias», «El Show de la noche», «Otro Rollo», o cualquier otro nombre de algún programa parecido a esta entrevista acerca de la oración con Sibellius el ángel. Los actores podrán leer sus guiones en vez de memorizarlos. El mismo comienza en la página 130. *Dave Carver*

LA CUENTA, POR FAVOR

Utiliza este pequeño drama de tres personajes en la página 134 para iniciar una conversación sobre el pecado, la muerte y la gracia. *Don Miller*

EL DIEZMADOR

Cuando sea tiempo de una lección o discusión sobre la mayordomía, el dar o el diezmo, trata esta lectura o monólogo de la página 137. Solo necesita un actor... y a tus jóvenes les gustará ver a uno de los líderes, pastores o diáconos de la iglesia representarlo.

E. Parke Brown

LA GUERRA EN TU MUNDO

Grabado antes de la reunión, esta lectura está echa para sobresaltar en tu grupo los conflictos sociales, políticos y espirituales de su mundo. El lector de la Biblia debe leer los pasajes de las Escrituras en forma seria. El lector de las noticias debe escucharse como el típico locutor que dice rápido las noticias de última hora.

La lectura, la cuál comienza en la página 138, está basada en el capítulo 1 de Génesis. Si tus jóvenes lo disfrutan, intenta escribir tu propia versión de este o de cualquier pasaje bíblico o tema que estés estudiando. *James Vanderbeek*

¿PUEDE ESPERAR, POR FAVOR?

Prepara a un estudiante o supervisor con anterioridad para que pueda practicar este monólogo (que comienza en la página 141) el cuál es apropiado para alguna lección o discusión sobre prioridades y pasar tiempo con Dios. *Brad Fulton*

ELEVADOR

¿Necesitas algo para comenzar una discusión sobre la preocupación? Intenta el drama de la página 143. Dos mujeres y dos hombres pueden hacer un buen trabajo con un mínimo de ensayo, y si es necesario, con el guión en la mano. Después del drama, utiliza estas preguntas de discusión y las Escrituras como referencia en un estudio sobre la preocupación.

Para comenzar la discusión después del drama, haz las siguientes preguntas a tu grupo:
- ¿De qué te preocupas?
- ¿Cuál es tu temor más grande?
- ¿Qué te causa temor?
- ¿Deberían preocuparse los cristianos? ¿Sobre qué?
- ¿Deberían preocuparse los cristianos por su futuro?

Después pide a tus estudiantes que lean los siguiente versículos en voz alta; pregunta al grupo si alguno de estos versículos cambian sus opiniones acerca de la preocupación de los cristianos.
- Lucas 10:38-42
- Jeremías 17:7-8
- Mateo 13:22 (O lee toda la parábola y la explicación en 13:1-23)
- Marcos 4:19; Lucas 8:14 (Pasajes paralelos para la parábola del sembrador en Mateo)
- Mateo 6:25-34 (Lucas 12:22-34)
- Mateo 10:17-20 (Marcos 13:9-11; Lucas 12:11-12; 21:12-15); Filipenses 2:25-30
- 1 Pedro 5:7
- Deuteronomio 28:58, 64-68
- Salmo 139:23-24
- Proverbios 12:25
- Eclesiastés 2:21-22
- Filipenses 4:6-9

Becky Ross

CARAS SOMOS NOSOTROS

Presenta una lección sobre las apariencias, actitudes o temas relacionados con este drama que comienza en la página 145.

En una mesa o superficie plana, corta cuatro agujeros, cada uno lo suficientemente grande para que la cabeza de alguien quepa. Coloca la mesa y cubre el frente y los lados con papel. Pon una caja de cartón lo suficientemente grande para cubrir la cabeza de la persona sobre cada agujero.

Decora la mesa como si fuera la vitrina de alguna tienda de caras en oferta. Quizás puedes poner letreros a las cajas de acuerdo al tipo de caras y los precios sobre cada caja. Pon también algún tipo de letrero

Y NUESTRO INVITADO DE ESTA NOCHE ES

PERSONAJES
• Metiche • Sibellius • Fariseo moderno • Cobrador de impuestos

• •

METICHE: ¡Hola a todos y bienvenidos al show de Metiche Salinas! ¡Vaya si tenemos a un invitado en esta noche! Sí señor, nuestros productores fueron muy lejos para conseguir al invitado de esta noche, y yo sé que ustedes estarán encantados de darle la bienvenida a nuestro programa al joven ángel llamado Sibellius. Sí, escucharon bien, estaremos hablando con un ángel en vivo y a todo color. Así que vamos a comenzar y denle la bienvenida a ¡Sibellius!

SIBELLIUS: Gracias amigos, y gracias a ti Metiche. Quiero decirles lo grandioso que es estar aquí esta noche. No tengo la oportunidad de ver mucho este programa, y esta es una experiencia fascinante para mí.

METICHE: Pues tú estás en un tipo de negocio fascinante Sibellius. Quiero decir, no todos los días una chica puede conocer a un ángel de verdad.

SIBELLIUS: Es una forma de vida... No, en serio, es un privilegio poder servir.

METICHE: Dime, Sibellius, ¿qué es lo que haces? Quiero

decir, no veo alas ni un halo. ¿Es todo eso solo un mito o qué? ¿Para qué sirve un ángel?

SIBELLIUS: Esa es una buena pregunta, Metiche. Verás, hay muchos ángeles como yo y todos tenemos diferentes trabajos. Los halos y las alas todavía los usan los ángeles tradicionales —ya saben, como los Migueles y los Gabrieles— pero la mayoría somos muy modernos. Preguntaste qué es lo que hago: Soy el jefe oficial a cargo de Recibir y Contestar.

METICHE: ¿Contestas oraciones? Yo pensé que solo... bueno, tú sabes... que solo él podía hacer eso.

SIBELLIUS: Estás en lo cierto, Metiche. Cuando digo que estoy a cargo de las oraciones, lo que quiero decir es que yo actúo como secretario del Jefe... tú sabes, mantengo los archivos y todo ese tipo de cosas. No me necesita realmente, supongo, pero me contrató hace algunos milenios cuando el Departamento de Poseídos Demoníacos se sobresaturó. Es un buen trabajo.

METICHE: Así que tú estás al tanto de todas las oraciones ¿eh? Supongo que sabes por lo que oré esta mañana. (Sonríe como si lo estuviera pensando) ¿Das información privada?

SIBELLIUS: ¡Metiche, tú y yo somos profesionales! Estoy sorprendido de que me hagas ese tipo de pregunta.

METICHE: (Con algo de vergüenza) Perdón Sib... No sé qué me pasó. ¿Nos puedes decir un poco acerca de la oración en general al menos?

SIBELLIUS: No hay nada que me guste más. La oración es posiblemente la parte más importante de la vida de una persona, pero la mayoría de ustedes los humanos simplemente lo ignoran. Es decir, es estar hablando con Dios mismo. El Jefe. El Creador. Señor Grande. Él nos da la oportunidad de hablarle, cara a cara, pero aun así la gente hace como si no estuviera ahí. Es una vergüenza.

METICHE: Siempre me he preguntado algo Sibellius. ¿A él le importa si oramos?

Y nuestro invitado de esta noche es ____—3

SIBELLIUS: ¡Claro que sí! ¡No creerán cuánto le importa todo acerca de ustedes! Él es increíblemente feliz cuando alguien dedica tiempo para decirle cómo van las cosas. Tú sabes, realmente valora cuando separas un tiempo para decirle que lo aprecias por todo lo que ha hecho aquí abajo.

METICHE: Así que lo que estás diciendo es que la oración es tener una conversación con Dios cara a cara.

SIBELLIUS: Exactamente. Creo que podrías decir que es una especie de línea rápida hacia el Gran Tipo.

METICHE: Está bien, ya sabemos algo de lo que es la oración. ¿Nos podrías dar algunas claves de cómo orar? Creo que es algo con lo que nuestros televidentes se confunden.

SIBELLIUS: Es interesante que preguntes eso Metiche. Acabo de producir un vídeo de entrenamiento para nuestros ángeles novatos y traje algunos cortos que podrás encontrar interesantes.

METICHE: Grandioso. Vamos a bajar las luces. Sibellius, ¿tienes alguna introducción?

SIBELLIUS: Sí. La primera escena es de dos personas que están orando en la iglesia. Es un caso de buenas y malas oraciones. La primer persona que veremos es descendiente de los llamados fariseos del primer siglo.

METICHE: Está bien, nuestro público puede voltearse y mirar al monitor para comenzar. (El «vídeo» es una dramatización moderna de Lucas 18:9-14. En la parte de atrás, alumbrado con lámparas o un reflector de luz, el hombre o mujer adulto que interpreta al fariseo moderno, quien está vestido a la última moda, se pone de pie para hacer una versión actual de la oración del fariseo).

SIBELLIUS: Está bien, vamos a cortarlo ahí. (Se apaga el reflector de luz) Pienso que todos podemos ver lo que está mal en esta oración. Por favor, este tipo que va a la iglesia tiene un ego que avergonzaría a Mohamed Alí. Este es el tipo de persona que ve a Dios solo como un compañero cósmico que apenas puede esperar para hablar con algún líder de la iglesia tan grandioso como él. De lo que este hombre religioso no se da cuenta es de que no tiene motivos para considerarse mejor que cualquier otra persona... tú sabes tan bien como yo que todas los seres humanos han hecho algo malo y todos necesitan perdón. Parece que el fariseo moderno no entiende esto aún. Veamos el siguiente corto. Quizás se sorprendan de lo que un colector de impuestos hace. (Otro adulto —un cobrador de impuestos moderno, quizás con una camisa abierta y una corbata desamarrada, las mangas de la camisa arremangadas— hace su oración de Lucas 18:13. Al final de la oración se apaga el reflector)

METICHE: Está bien, Sib. ¿Qué nos dice esta persona sobre la oración?

SIBELLIUS: Bastante, Metiche. Verás, él se da cuenta de lo mucho que necesita a Dios. No hay forma de que él pueda lograr nada sin el Señor. No solo eso, sino que puedes ver que se da cuenta de que no es exactamente el hombre más perfecto en el mundo. Puedes observar lo honesto que es con Dios... cómo le habla con franqueza. Eso es lo que el Jefe quiere... honestidad común y corriente. Él quiere tu corazón.

METICHE: Déjame ver si entendí, ¿quieres decir que la oración es simplemente ser honesto y hablar con Dios? ¡Pero el colector de impuestos ni siquiera dijo: «vosotros» ni «sois» una sola vez! No me digas que Dios realmente escuchó eso.

SIBELLIUS: Pero es la verdad, Metiche. A Dios no le importa cómo lo digas. Le importa lo que digas, lo que quieres expresar, lo que sientas. En realidad, a veces las palabras se interponen, así que él solo mira el corazón para saber lo que está pasando.

METICHE: Se nos está terminando el tiempo, Sibellius. Quiero darte las gracias por haber venido —mejor dicho, bajado— en esta noche. Y antes de que te vayas Sib, ¿me pregunto si el público aquí en el estudio tiene algunas preguntas. ¿Qué opinan de esto, amigos? ¿Alguna pregunta acerca de la oración? (Sibellius responde las preguntas)

METICHE: Una vez más, gracias por venir. Vamos muchachos... ¡Démosle un aplauso a Sibellius!

FIN

La Cuenta, Por Favor

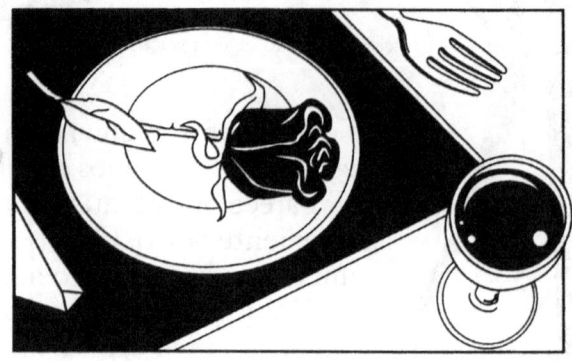

PERSONAJES
• Comensal 1 • Comensal 2 • Mesero

UTILERÍA
• 2 mesas (idénticas: con servilletas, velas, flores, muchos platos sobre ellas) • Manteles largos • Libreta para ordenar con lápiz • Menú • Tarjeta de crédito • Música de fondo

---

En este restaurante íntimo y elegante se encuentran dos mesas idénticas vestidas con manteles largos, velas y flores. Ambas tienen varios platos apilados sobre ellas. Un solo comensal está sentado en cada mesa. El Comensal 2 evidentemente está terminando su postre cuando el Comensal 1 chasquea los dedos llamando al mesero, limpiándose la boca mientras el mesero camina hacia él con una servilleta en su brazo. Se escucha música suave durante todo el drama.

COMENSAL 1: Mesero, déjeme darle las gracias. Esta fue la comida más sabrosa que he tenido en mi vida. Todo estaba cocinado a la perfección. Mis felicitaciones al creador.

MESERO: ¿Quiere ordenar algo más, señor (o señorita)?

COMENSAL 1: No, eso es todo, muchas gracias. Solo la cuenta, por favor.

MESERO: Por supuesto. (Saca la libreta de órdenes) Vamos a ver... ¿qué comió? Chisme glaseado con miel, lujuria agridulce, una orden grande de sexo prematrimonial. ¿Tenía hambre no?

COMENSAL 1: Sí... ¡Y todo sabía riquísimo!

MESERO: Mentiras al champiñón, insultos con salsa blanca, trocitos de marihuana ahumada, envidia en salsa picante, vanidad con cebollas, estofado de odio y el plato del día: egoísmo al jugo. De postre... Mmmm... desobediencia a Dios cubierta con salsa de naranja y café a la blasfemia. Eso fue todo. (irónicamente)

COMENSAL 1: Y créeme, todo estaba buenísimo. ¿Cuánto debo?

MESERO: Déjeme ver... seis cincuenta, más diez con noventa, más ocho treinta... (murmura haciendo cuentas) en total me tiene que dar... ¡sí!... su vida.

COMENSAL 1: ¡Mi vida! ¡Debe haber un error jovencito! (toma el menú)

MESERO: No, señor. Está todo aquí en blanco y sangre. Muerte. Verá señor, en este restaurante la paga del pecado es muerte.

COMENSAL 1: (furioso) ¡Pero no es mi culpa! ¡No podía dejar de comer! Todo sabía tan rico en ese momento. Por favor, ¿qué puedo hacer?

La Cuenta, Por Favor—2

MESERO: Lo siento, señor, pero su comida se terminó. Debe pagar el precio ahora mismo. Pase por aquí, por favor.

COMENSAL 1: ¡No! ¡Esto no es justo! ¡Lo siento! ¡No quise hacerlo! ¡Por favor perdóneme!

MESERO: (respirando con algo de compasión por el Comensal 1) Si tan solo hubiera pedido perdón mientras todavía estaba comiendo, las cosas serían diferentes. Ya es demasiado tarde ahora. Se terminó su comida. (El Mesero comienza a pedirle que lo siga, después lo jala, finalmente empuja al Comensal 1 hacia la salida. El Comensal 1 grita mientras sale. El mesero se sacude y regresa a la mesa y comienza a limpiarla. El Comensal 2 ha observado toda la escena)

COMENSAL 2: ¿Problemas?

MESERO: ¡Oh no! Esto sucede todo el tiempo aquí. Comen y comen y comen… y antes que puedan darse cuenta su comida ha terminado. Todo se termina y no obtuvieron la gracia. ¿Le puedo dar algo más?

COMENSAL 2: No, supongo que he terminado también.

MESERO: ¿Disfrutó la comida?

COMENSAL 2: Pues sí. En general estuvo bien. Déjeme decirle que hubo veces cuando me tocó un cartílago que pensé que no podía pasarlo. Pero aquí estoy. Todo me ha parecido demasiado rápido… parece que fue ayer que me llevó a mi mesa. Creo que es tiempo para ver mi cuenta.

MESERO: Sí, es tiempo. Para la mayoría de las personas, el final de su comida llega de sorpresa. Jamás piensan que deben dejar de comer. Bueno, suficiente conversación. Veamos, ¿qué comió? (Echa un vistazo a los platos sobre la mesa, sorprendido con la conclusión de la comida del Comensal 2) Bueno, veo que ha ordenado nuestro especial bajo en calorías y bajo en pecado: una orden pequeña de paciencia, una bola de amabilidad de vainilla y pan dulce de amor, con mermelada de obediencia. (desilusionado) Oh, no… veo que ha probado del bar.

COMENSAL 2: Fue horrible.

MESERO: También probó una cucharada de mentiras y egoísmo.

COMENSAL 2: Sí, y estoy muy avergonzado por eso. Fue tan fácil tentarme. Estaba ahí mismo en mi mesa.

MESERO: También comió una rebanada de envidia. (animado) Ah, pero veo que también probó las buenas obras.

COMENSAL 2: Intenté comer la comida correcta. Simplemente no podía tomar las decisiones correctas por mí mismo, eso es todo.

MESERO: (consolando) Mire señor. La gente viene aquí día a día y nadie ha comido una dieta balanceada. Solamente un hombre, solo uno… el hijo del cocinero. Él era un comensal extraordinario, era el hijo del cocinero principal. El otro cocinero que trabaja aquí es terrible. Su comida siempre causa agruras.

COMENSAL 2: ¿Cuánto debo en mi cuenta?

MESERO: (Pausa) Lo siento señor —pero todo suma igual— muerte. No importa si pidió una gran porción de pecado o solamente una probada. El pecado es pecado y la cuenta es la misma. (Se acerca al

Comensal 2 para llevarlo a la misma puerta que al Comensal 1)

COMENSAL 2: Espere... tengo una tarjeta.

MESERO: Lo siento, señor. No aceptamos Visa ni Master Card, ni...

COMENSAL 2: Pero esta tarjeta es diferente. (Le da la tarjeta al mesero)

MESERO: (Lee en voz alta) «Tarjeta de Salvación. Estimado vendedor: el portador de esta tarjeta tiene todas sus comidas pagadas por mí. Consulte el libro de reservaciones. Déjenlo sentar a mi mesa por toda la eternidad». Y está firmada por el hijo del cocinero principal. (La examina detenidamente) Sí, es legítima, está bien. ¿Dónde obtuvo esta tarjeta?

COMENSAL 2: Me fue dada cuando invité al hijo del cocinero a mi mesa. Le permití escoger la comida que yo debía comer. Hubo ocasiones en que no le escuché y escogí lo que yo pensé que era sabroso. Pero nada de la comida del otro cocinero sabía tan rico. Sin embargo, cuando le permití al hijo del cocinero escoger del menú, entonces mi comida tuvo verdadero sabor. Él pidió cosas que valía la pena probar. Me dijo que le dijera a otros de su menú exclusivo para cada uno. Incluso dijo que yo era la sal de la mesa.

MESERO: (Escoltando al Comensal 2) Tal parece que le esperan en la mesa del hijo ahora. (Señalando) Entre por aquella puerta, la estrecha.

COMENSAL 2: (Da un par pasos hacia esa dirección, se detiene y luego se voltea) ¿Usted no viene?

MESERO: Pronto estaré ahí, eso espero, pero por ahora existen más cuentas que debo sumar. Espere, no se vaya sin su tarjeta. Este es el mejor crédito que podía obtener.

FIN

EL DIEZMADOR

Un monólogo acerca del dar

Un individuo está sentado en la iglesia sosteniendo su sobre de la ofrenda y esperando pacientemente que el plato pase por donde él está. La única luz está puesta sobre él. Se escucha una grabación del pastor, pero se va desvaneciendo cuando comienza a escucharse otra grabación... los pensamientos del individuo.

VOZ PASTORAL: Y ahora vamos a adorar al Señor con nuestros diezmos y ofrendas.

EL DIEZMADOR: Qué bien se siente dar el diezmo como el Señor nos lo ordena. *(Sostiene en alto un sobre de la ofrenda lleno)* ¡Qué tonto soy! ¡Casi me olvido del pago del barco que se vence en esta semana! Voy a sacar un poco de aquí para cubrir ese cheque. Un cheque sin fondos sería una verdadera desdicha para el Señor. *(Toma unos cuantos billetes del sobre, los pone en su bolsillo y cierra el sobre de nuevo)*

Ahora sí estoy listo. ¡Oh, no!, acabo de recordar que vamos a visitar a mi mamá este fin de semana y eso significa que vamos a comer fuera. Bueno, solo son unos cuantos billeticos más... la Biblia dice que debemos de honrar a nuestros padres. *(Saca unos cuantos billetes del sobre).*

¡Cielos! ¿Le di a Juana el dinero para que los niños compren la merienda de esta semana? Hmmm, no lo creo. Bueno, eso es muy poquito dinero... pero es comida para mi familia, después de todo. *(Saca más billetes del sobre y los guarda en su bolsillo)* Y quería mandarle $10.00 a mi pastor del radio para que me mandara esa guía de estudio especial que escribió y que está regalando a cambio de un donativo. *(Saca más dinero y se lo echa al bolsillo, luego le da un vistazo al sobre)* Todavía queda algo... bueno, al menos uno. *(Saca el último billete del sobre y lo mira por un momento antes de regresarlo. Después se da un golpe en la frente con su mano)*

¡Mañana es lunes! Le prometí al muchacho del periódico que le dejaría $0.90 en la caja del correo. *(Se pone de pie y anuncia fuerte a toda la congregación —el público— saliendo)* ¡Hey! ¡¿Alguien tiene cambio de $1.00?!

FIN

La Guerra en tu Mundo

★★★★★★★★★★★★★★★★★★★★★★★★★★★★★★★★★

LECTOR DE LA BIBLIA: Dios, en el principio, creó los cielos y la tierra. La tierra era un caos total, las tinieblas cubrían el abismo, y el Espíritu de Dios iba y venía sobre la superficie de las aguas. Y dijo Dios: «¡Que exista la luz!» Y la luz llegó a existir. Dios consideró que la luz era buena y la separó de las...

LOCUTOR: Y más música después de estas noticias. El tan sonado proyecto láser, Guerra de las Galaxias, sigue adelante. Hoy los inventores de un satélite antimisiles —una nave espacial que podrá ser usada con láser produciendo una luz intensa para destruir a un enemigo nuclear— dijeron que las últimas pruebas demuestran que es posible generar suficiente poder con el láser para cumplir con la tarea asignada.

LECTOR DE LA BIBLIA: Y la luz llegó a existir. Dios consideró que la luz era buena y la separó de las tinieblas. A la luz la llamó «día», y a las tinieblas, «noche». Y vino la noche, y llegó la mañana: ése fue el primer día.

Y dijo Dios: «¡Que exista el firmamento en medio de las aguas, y que las separe!» Y así sucedió: Dios hizo el firmamento y separó las aguas que están abajo, de las aguas que están arriba. Al firmamento Dios lo llamó «cielo»...

LOCUTOR: Hoy se llevó a cabo una protesta sobre el terreno en la parte este de la ciudad, donde la gente de la comunidad se rehusó a que utilizaran ese terreno como basurero. Muchas personas trataron de bloquear el camino causando retrasos pequeños en los camiones que llevaban la basura. Doce personas fueron arrestadas por traspasar la propiedad privada. También la carretera 18 se detuvo por horas. Los que protestaban no solo se quejaban de la basura de otras ciudades, sino de la posible contaminación del agua potable usada en los pueblos aledaños.

LECTOR DE LA BIBLIA: Y vino la noche, y llegó la mañana: ése fue el segundo día. Y dijo Dios: «¡Que las aguas debajo del cielo se reúnan en un solo lugar, y que aparezca lo seco!» Y así sucedió. A lo seco Dios lo llamó «tierra», y al conjunto de aguas lo llamó «mar». Y Dios consideró que esto era bueno...

LOCUTOR: En el día de ayer tres corporaciones fueron multadas con la cantidad de 1.4 millones de dólares por tirar desperdicios tóxicos y químicos en el río durante los últimos 15 años.

LECTOR DE LA BIBLIA: Y dijo Dios: «¡Que haya vegetación sobre la tierra; que ésta produzca hierbas que den semilla, y árboles que den su fruto con semilla, todos según su especie!»...

La Guerra en tu Mundo—2

LOCUTOR: Reportes de la hambruna en áreas de Etiopía dicen que al menos tres camiones de comida fueron atacados por las fuerzas rebeldes la última semana. Se dice que uno de los camiones fue totalmente destruido. El interlocutor rebelde dijo que los camiones llevaban armas escondidas para que el gobierno aplacara la rebelión.

LECTOR DE LA BIBLIA: Y así sucedió. Comenzó a brotar la vegetación: hierbas que dan semilla, y árboles que dan su fruto con semilla, todos según su especie. Y Dios consideró que esto era bueno. Y vino la noche, y llegó la mañana: ése fue el tercer día. Y dijo Dios: «¡Que haya luces en el firmamento que separen el día de la noche; que sirvan como señales de las estaciones, de los días y de los años, y que brillen en el firmamento para iluminar la tierra!» Y sucedió así. Dios hizo los dos grandes astros: el astro mayor para gobernar el día, y el menor para gobernar la noche. También hizo las estrellas.

LOCUTOR: En un reporte dado a conocer a principios de la semana, un investigador en la Universidad de Miami (Florida) mostró que exponerse demasiado al sol no solo puede incrementar la posibilidad de un cáncer en la piel, sino que puede relacionarse con otros tipos de cáncer.

LECTOR DE LA BIBLIA: Dios colocó en el firmamento los astros para alumbrar la tierra. Los hizo para gobernar el día y la noche, y para separar la luz de las tinieblas. Y Dios consideró que esto era bueno. Y vino la noche, y llegó la mañana: ése fue el cuarto día. Y dijo Dios: «¡Que rebosen de seres vivientes las aguas, y que vuelen las aves sobre la tierra a lo largo del firmamento!» Y creó Dios los grandes animales marinos, y todos los seres vivientes que se mueven y pululan en las aguas y todas las aves, según su especie.

LOCUTOR: La marina de los Estados Unidos tuvo que intervenir hoy cuando una manifestación de protesta quedó casi fuera de control. La demostración tenía la intención de dirigir la atención hacia la cacería indiscriminada de ballenas en el Océano Pacífico Norte. La pequeña flota de barcos de los protestantes bloqueó la entrada al puerto. Un vocero de los defensores de dichos animales admitió que la protesta había ido más allá de lo esperado. No se reportaron heridos...

LECTOR DE LA BIBLIA: Y Dios consideró que esto era bueno, y los bendijo con estas palabras: «Sean fructíferos y multiplíquense; llenen las aguas de los mares. ¡Que las aves se multipliquen sobre la tierra!» Y vino la noche, y llegó la mañana: ése fue el quinto día. Y dijo Dios: «¡Que produzca la tierra seres vivientes: animales domésticos, animales salvajes, y reptiles, según su especie!» Y sucedió así. Dios hizo los animales domésticos, los animales salvajes, y todos los reptiles, según su especie.

LOCUTOR: Las estadísticas revelan que en los Estados Unidos se consumen aproximadamente 79.8 libras de carne de res por habitante cada año...

LECTOR DE LA BIBLIA: Y Dios consideró que esto era bueno, y dijo: «Hagamos al ser humano a nuestra imagen y semejanza … Y así sucedió.

Dios miró todo lo que había hecho, y consideró que era muy bueno. Y vino la noche, y llegó la mañana: ése fue el sexto día.

Así quedaron terminados los cielos y la tierra, y todo lo que hay en ellos. Al llegar el séptimo día, Dios descansó porque había terminado la obra que había emprendido. Dios bendijo el séptimo día, y lo santificó, porque en ese día descansó de toda su obra creadora.

LOCUTOR: Más noticias después de estos mensajes. ¡El Centro Comercial más popular de la ciudad anuncia que las horas de ventas serán extendidas hasta el domingo! ¡Así es! Ahora usted podrá dedicar todos sus domingos a comprar desde las 10:00 a.m. hasta las 7:00 p.m.

LECTOR DE LA BIBLIA: Ésta es la historia de la creación de los cielos y la tierra. (pausa)

Entonces Dios el Señor hizo que el hombre cayera en un sueño profundo y, mientras éste dormía, le sacó una costilla y le cerró la herida. De la costilla que le había quitado al hombre, Dios el Señor hizo una mujer y se la presentó al hombre, el cual exclamó: «Ésta sí es hueso de mis huesos y carne de mi carne. Se llamará mujer porque del hombre fue sacada».

LOCUTOR: Una aparente disputa doméstica terminó ayer en tragedia cuando un hombre golpeó y luego disparó a su esposa provocándole la muerte. Dos hijos, de cuatro y seis años, también resultaron heridos. El sujeto de veintiocho años fue detenido varias horas después por la policía en el bar que frecuentaba. Se nos informa además que en el día de hoy un hombre fue sentenciado por abusar sexualmente de una niña en la guardería donde trabajaba. Los reportes indicaron que probablemente también había abusado de su hija de nueve años de edad desde hacía cuatro años.

LECTOR DE LA BIBLIA: Por eso el hombre deja a su padre y a su madre, y se une a su mujer, y los dos se funden en un solo ser.

En ese tiempo el hombre y la mujer estaban desnudos, pero ninguno de los dos sentía vergüenza. ¡Que Dios nos añada a nuestro entendimiento de la lectura de su Palabra!

LOCUTOR: Y estos fueron los titulares de las noticias en el día de hoy. Buenas noches.

FIN

¿PUEDE ESPERAR, POR FAVOR?

• • • • • • • • • • •

Un hombre o mujer se sienta en un escritorio de oficina cubierto de papeles, los cuales obviamente consumen el tiempo del trabajador. Un teléfono y una calculadora están sobre el escritorio, un calendario está a su alcance. Suena el teléfono.

Hola, habla Nancy... ¿Jesús? ¿Cuál Jesús?... Oh... hmm... (suena el teléfono) ¿Puede esperar, por favor? (cambia de líneas) Hola, habla Nancy... Oh, hola cariño... Claro, ¿qué necesitas?... aja... hmm... sí, yo lo recojo. ¿Blanco o de trigo?... De acuerdo... está bien, y cuatro rollos de color azul pastel... claro... pasaré por ahí... Oh, sí, me olvidaba de eso... Sí, te veo en el restaurante a las, digamos que a las ocho... ¿está bien? Te veo entonces... (tacha el lunes del calendario)... adiós mi amor. (Regresa a la llamada original) Gracias por esperar. Está bien, ¿cómo lo puedo ayudar?... ¿está buscando algún donativo?... ¿Para qué? (Suena el teléfono) Perdón, ¿puede esperar otra vez? (cambia de líneas) Hola... sí señor... sí señor... por supuesto, señor Hernández... ¿el jueves?... claro, no veo por qué no. ¿No sabe cuánto tiempo durará?... aja... hmm… está bien. Entonces el jueves. (Tacha el jueves del calendario y regresa a la primer llamada) Gracias por esperar, ¿qué me dijo que quería?... (Pone el teléfono en el hombro, comienza a trabajar con los papeles mientras escucha, obviamente apática, la llamada)... aja... hmm… ¿Y para qué es esto? (Suena el teléfono) Perdón, ¿puede esperar, por favor?

¿Puede esperar, Por favor?—2

(cambia de línea) Hola, habla Nancy. ¿Susana? ¿Cómo estás?... ¿De veras? ¡Maravilloso! ¿Así que va a entrar al gimnasio también?... sí... tengo que bajar de peso, como siempre... claro que puedes venir conmigo el martes... está bien...(tacha el martes del calendario)... nos vemos. (Regresa a la primer llamada) A ver, ahora sí, ¿qué es lo que quiere?... (escribe notas que obviamente no tienen nada que ver con la conversación, juega con la calculadora)... caramba, no sé si... bueno, prefiero no involucrarme por ahora... (suena el teléfono)... ¿Puede esperar, por favor? (cambia de líneas) ¡Hola?... Hola Tomás... sí, yo creo que los niños respondieron bien a la lección que di el domingo... claro, tenemos que juntarnos para planear ese retiro... el viernes lo tengo libre... Está bien Tomás, te veo el viernes. (Regresa a la primera llamada) ¿Hola? Mire, yo creo que por ahora no... sí, lo sé... pero... eso es verdad, pero... Claro... entiendo, pero aún no sé si quiero... (suena el teléfono) Lo siento, ¿puede esperar, por favor? (cambia de líneas) Hola, habla Nancy... hola cariño... Oh no, se me olvidó por completo... sí, ahora recuerdo... torneo de fútbol de Toñito... (tacha el sábado y el domingo en el calendario)... sí... asegúrate que termine la tarea en cuanto regrese a casa de practicar esta noche... está bien... adiosito mi amor. (Regresa a la primer llamada) Mire, yo... (fuerte pero a sí misma) Qué chistoso, me colgó... (mirando al calendario) Bueno, estaba demasiado ocupada de todas maneras. (Cuelga el teléfono, se pone el abrigo y sale con un portafolio en su mano)

FIN

PERSONAJES
• Mujer 1 • Mujer 2 • Hombre 1 • Hombre 2

Mujer 1 y Hombre 1 y 2 se reúnen como si estuvieran en un elevador. La Mujer 2 va hacia donde están los otros tres y se voltea como si entrara a un elevador.

MUJER 2: Buenos días.

HOMBRE 1: Buenos días.

MUJER 2: Qué bonito clima estamos teniendo. **(Observa a la Mujer 1, la cuál está agarrando su bolso con temor evidente)** Usted parece estar muy atemorizada.

MUJER 1: (Temerosa y con sospecha) ¿Por qué me dice eso?

MUJER 2: Bueno, está agarrando su bolso como si fuera su salvación.

HOMBRE 2: Tiene razón, ¿sabe? Lo noté también cuando entré.

MUJER 1: ¿En serio? **(Todos asienten)** Bueno, creo que sí tengo un poco de miedo. No estoy acostumbrada a los elevadores.

MUJER 2: No debe preocuparse. Yo los uso todo el tiempo y nada me ha pasado nunca.

MUJER 2: Pero, ¿y si se atora?

HOMBRE 2: Sí, puede ser. ¿Sabe? Supe de una vez que varias personas quedaron atrapadas en un elevador como este por horas antes de que supieran que estaban ahí.

MUJER 1: (Respirando y agarrando su bolsa con más fuerza) ¿De verdad?

HOMBRE 1: Sí, es verdad. Lo leí en el periódico. Fue horrible.

HOMBRE 2: Aterrador. Una vez yo vi una película en donde un cable se rompía y el elevador se cayó hasta el fondo del edificio.

MUJER 1: ¿De verdad? **(Más nerviosa con cada anécdota, comienza a mirar si hay una salida de escape)**

MUJER 2: Eso pasa solo en las películas.

HOMBRE 1: Pero podría suceder.

MUJER 2: Quizás, pero a mí no me preocupa.

MUJER 1: ¿No le preocupa?

MUJER 2: Para nada. Tengo la paz que sobrepasa todo entendimiento.

HOMBRE 2: ¿Qué?

MUJER 2: Jesús vive en mí. Él me da la fuerza y la seguridad de que se preocupará por mí y de que yo estaré cuidada por él.

MUJER 1: Se oye maravilloso.

MUJER 2: Es maravilloso. Él se lleva toda mi ansiedad, yo nunca tengo temor, nunca me preocupa nada.

MUJER 1: Eso suena bien. Lo voy a intentar. ¿Qué debo hacer?

MUJER 2: Solamente cierre sus ojos y pídale a Dios que la consuele. Después crea en su corazón que él controla su mundo y confíe en que él se encargará de usted. Jesús no falla ni decepciona.

MUJER 1: ¿Eso es todo?

MUJER 2: Solamente crea. La fe es la clave.

MUJER 1: Pues si usted lo dice.

MUJER 2: Confíe en mí... o más bien, confíe en Dios. Eso es lo que yo hago. **(Todos se estremecen un poco como si el elevador se hubiera detenido. La Mujer 2 se agarra del brazo de la Mujer 1)** ¿Qué sucedió?

MUJER 1: (Muy calmada) No sé, pero se siente bien confiando solamente.

HOMBRE 1: ¡Qué bien!

HOMBRE 2: Sí, qué bien... porque creo que estamos atrapados.

MUJER 2: (histérica) ¿Atrapados?

HOMBRE 2: Atrapados.

MUJER 2: (histérica) ¡Estamos atrapados! ¡Oh Dios, nos vamos a morir! ¡Sáquenme de aquí! ¡Creo que me voy a enfermar!... ¡Auxilio! **(Se apagan las luces)**

FIN

identificando el nombre de la tienda: Caras Somos Nosotros.

Prepara a varios jóvenes para que representen los distintos tipos de caras que elijas describir. Estarán escondidos bajo la mesa con las cabezas metidas por los agujeros de la superficie. (Es aún más chistoso si alguna persona representa todas las caras, moviéndose de un agujero al otro mientras las cajas son levantadas y bajadas por el vendedor).

La acción comienza cuando el vendedor limpia las cajas sobre la mesa mientras entra un cliente. El drama puede ser algo como esto:

«Estoy interesado en comprar una cara nueva. La que tengo ahora ya está usada y... bueno, la gente se ha burlado de mí últimamente».

«Ha llegado al lugar correcto... tenemos muy buenas caras de dónde escoger».

El vendedor describe cada cara, una por una, levantando una caja para revelar al actor que está debajo. Para hacerlo sencillo, los actores podrán intentar congelar una expresión que represente lo que el vendedor está describiendo. Para un drama más elaborado, los actores pueden utilizar maquillaje, pelucas, lentes o diferentes cosas que puedan enriquecer sus personajes. El vendedor puede comenzar la descripción de las diferentes caras con algo así:

• «Aquí está nuestro modelo Intimidador que como podrá usted ver es la cara de alguien con quién uno prefiere no meterse...»

• «Este es nuestro modelo Profesoral... extremadamente inteligente. Todos creerán que usted se graduó con honores de cualquier universidad. Todos lo rodearán para pedirle consejo...»

• «Aquí tenemos nuestro modelo Playboy, el cuál las muchachas encuentran irresistible. Observe esos ojos. Como podrá ver, esta es la cara más popular...»

• «Esta cara podrá llevarlo a aparecer en la portada de la revista «Rolling Stones». Es nuestro modelo Heavy-metal con maquillaje, pelo teñido, anillo en la nariz y tatuajes incluidos...»

• «Estoy seguro de que reconocerá el modelo Vuelto a Nacer. Vea cómo la sonrisa es permanente sin importar cómo se sienta por dentro... es la perfecta expresión para engañar a la gente y que piensen que usted no tiene ningún problema...»

Dependiendo de la dirección a donde quieras llevar este drama, la cara final puede ser la de una persona de la calle, un refugiado de guerra o Cristo mismo... es decir, una cara no deseada. El vendedor puede concluir con estas palabras:

• «Bueno, estos son todos nuestros modelos populares... ¿qué? ¿Ninguno es lo que usted buscaba? Qué raro... A todos les quedan muy bien. Bueno, hay una cara que está en descuento por algún lugar... déjeme ver si la puedo encontrar... sí, aquí está. No vendemos muchas de estas por... bueno... razones obvias. Es la cara más barata que tenemos... Sin embargo, los pocos que han comprado una de estas me han dicho después que es la compra más cara que hayan hecho jamás... no entiendo por qué...» *Danny Greer*

LA BALADA DEL TIBIO

Una de las muchas formas efectivas para que los jóvenes se involucren en el proceso de aprender es permitirles que creen un drama o un proyecto de vídeo. Esta escritura fue utilizada por un grupo de jóvenes para un vídeo silencioso que produjeron y mostraron a toda la congregación... con resultados excelentes. Puedes adaptarlo de cualquier forma que quieras, utiliza sonido o haz una presentación

de transparencias en vez de un vídeo o simplemente olvídate de las cámaras y haz un drama en vivo. Este tipo de cosas son divertidas para los jóvenes, especialmente en los campamentos o retiros. El guión comienza en la página 148. *Dick Gibson*

RECETA PARA LA INDIGESTIÓN ESPIRITUAL

Representa este drama como uno de esos programas de cocina de la televisión. Tu público en vivo, por supuesto, es tu grupo de jóvenes. Nombra al programa de forma chistosa (Cocina con Chepina o algo así) y los adolescentes especialmente se divertirán con el mensaje.

Prepara a algunos de tus jóvenes para actuar como camarógrafos en un estudio de televisión... o mejor aun, graba en vídeo realmente el drama. Entra vestido como chef, con delantal y gorro, con la licuadora en la mano, y di algo como esto:

«Así como la comida picante o echada a perder te da indigestión y hasta pesadillas (si te vas a dormir con el estómago lleno), de la misma forma los ingredientes que veas en esta noche pueden darte indigestión espiritual... y pesadillas verdaderas».

Después, siguiendo la lista de abajo, añade los ingredientes a un recipiente grande uno por uno, explicando todos ellos conforme los añades. La mayoría de los ingredientes pueden ser licuados en la licuadora antes de añadirlos al recipiente. Has una pausa para un comercial. La mezcla termina siendo extremadamente grotesca a la vista y al olfato... en una frase, definitivamente incomible. Los estudiantes verán en forma vívida cómo el pecado puede arruinar sus vidas.

Las referencias de las Escrituras están escritas después de cada ingrediente para ser usadas durante el drama o en un estudio y discusión al final.

INGREDIENTES

- Palomitas de maíz con tierra (películas sucias—Ro 12:1-2)

- Una comida rápida de horno micro-ondas, por ejemplo, carne o pollo con pastas (demasiada televisión—Ro 12:1,2)

- Manteca o grasa (pereza—Pr 13:4)

- Salsa de tomate (violencia—Stg 3:17-18; He 12:14)

- Pasta de dientes marca «Close Up» (promiscuidad, inmoralidad; la sociedad nos sugiere que nos acercarnos a cualquiera, en donde sea y en cualquier momento—1 Ts 4:3-8; 1 Co 6:18)

- Medicación excesiva, aspirina (drogas—1 Co 6:19-20)

- Agua en una botella de cerveza, y añada de forma abundante para mezclar los ingredientes (alcohol—Pr 23:20-21)

- Tabaco (Tabaquismo—1 Co 6:19-20)

- Leche con chocolate (la vía rápida—Sal 23:2; 46:10)

- Sopa de letras (hablar incontrolablemente, conversaciones impuras: groserías, mentiras, etc.—Stg 3:9-10; Ef 4:29; Pr 12:22)

- Comida de bebé (muy poco interés en el crecimiento espiritual, fe inmadura—He 5:13-14)

- Galletas de dinosaurio o cualquier cosa deliciosa en grandes cantidades (indulgencia excesiva, avaricia—Pr 23:20-21; 1 Ti 6:6-10)

- Malvaviscos chiquitos, semillas o cualquier cosa sabrosa en abundantes cantidades. Di algo como «lo quiero todo» y luego lo echas todo (egoísmo—Mt 25:31-46)

- Chocolate, dulce, pan... cualquier cosa que llegue a ser una obsesión, sea comida chatarra o de dieta («otros dioses»—1 Ti 45:8)

- Barniz de uñas y crema de afeitar (preocupación excesiva por la apariencia—Mt 6:25-34; Pr 31:30)

- Desodorante marca «Secret» (Chisme—Pr 11:13. Usa esto de nuevo más tarde para mejorar el olor de la mezcla)

- Monedas de chocolate o una barra de chocolate (preocupación por las riquezas—Lucas 16:13; 1 Ti 6:10)

- Manzana (Adán y Eva: desobediencia—Gn 2-3)

- Pan (conformidad con las satisfacciones mundanas: «No solo de pan vivirá el hombre»—Mt 4:4)

- Gusanos de gomitas con tierra (suciedad en general—Fil 4:8)

- Lata de frijoles (influencia negativa a los amigos, malas amistades, los malos amigos son como los frijoles... primero parecen buenos, pero después te dan problemas—Pr 4:14; Sal 1:1; 1 Co 15:33-34)

- Lata de espinacas (quejas... todos se quejan cuando comen espinacas—Sal 10:1-2; 1 Ts 5:16-18)

- Salsa Tabasco (enojo y odio—1 Jn 4:7-12)

- Ajo en polvo (celos; a la gente no le gusta estar cerca de una persona envidiosa, así como no les gusta estar cerca de alguien con mal aliento—Pr 14:30)

- Las envolturas de aluminio de las monedas de chocolate... ¡No las pongas en la licuadora! (la mayoría de la música «heavy metal» o música que no es sana—Ro 12:2; Sal 98:4-6)

- Lata de almejas (involucrarse con distintos cultos, ser atractivo por fuera pero repulsivo y grosero por dentro—Col 2:8)

- Jarabe oscuro (el ocultismo, la parte obscura de la vida—Ef 6:10-12; 5:19-20; Stg 4:7)

- Orgullo (buscar un paquete de un alimento de una marca reconocida y escribir sobre él «orgullo»—1 P 5:5-6)

- Una lata de comida para gatos (deshonestidad, los gatos pueden pasar desapercibidos—Lc 16:10-12)

- Más leche con chocolate (Impaciencia; «¡Lo quiero y lo quiero ahora!»—Col 3:12-14)

Termina la clase de cocina con palabras como estas: Combina los ingredientes antes mencionados y lícualos. ¡No solo la receta funciona todo el tiempo, sino es seguro que a cualquiera que la consuma le darán pesadillas! Añade o quita cualquier ingrediente. En realidad, esta receta funciona incluso si solamente empleas un solo ingrediente... usando bastante.

Existen algunos ingredientes que no debes dejar que estén cerca de tu plato. Arruinarían tu receta seguramente: La Biblia, la oración, la alabanza, la amistad, el servicio a otros, la obediencia a Dios, la adoración y el agradecimiento.

Por supuesto, si no quieres tener indigestión ni una vida de pesadilla, sigue el ejemplo de Cristo: «Mi alimento», dijo Jesús, «es hacer la voluntad del que me envió y terminar su obra» (Juan 4:34).

Sharon Brober

LA EJECUCIÓN

Este drama (en la página 149) puede ser representado informalmente para dar inicio a una discusión, pero también se puede realizar con bastante preparación y disfraces como una interpretación dramática del significado de la cruz. Tiene dos personajes que hablan, pero muchos otros pueden llevar a cabo la acción descrita en la columna Visual. Calvinicus y Jorgeus mantienen una conversación sin fijarse en lo que está pasando detrás de ellos. *Larry Michaels*

La Balada del Tibio

PERSONAJES

• Lucas el Tibio • Congregación • Diácono 1 • Diácono 2 • Predicador • Sheriff
• Bandidos • Juez • Alguacil • Testigo, Miembro de la iglesia • Jurado

ESCENA 1
En la iglesia

LETRERO: Nuestra historia se inicia con un servicio dominical en nuestra iglesia local.

ACCIÓN: La congregación está cantando, sinceramente pero con timidez, excepto por Lucas el Tibio, que está cantando a todo dar. Todos se callan mientras que el Tibio termina la canción. Todos le aplauden.

LETRERO: Después se pasa la ofrenda.

ACCIÓN: Todos ponen su dinero en los platos de la ofrenda. Cuando la ofrenda llega a Lucas el Tibio, pone tanto que el Diácono necesita ayuda para cargarla. Todos se quedan con la boca abierta.

LETRERO: El sermón del domingo.

ACCIÓN: El Predicador está hablando. Todos están escuchando políticamente mientras que Lucas el Tibio toma notas incesantemente. La cámara toma al Predicador que hace gestos con la boca pronunciando las palabras con fuerza.

LETRERO: «Sí, solo hay uno que es perfecto y todos deberíamos tratar de ser como él. Y ese hombre es…»

ACCIÓN: Todos apuntan al Tibio.

LETRERO: «¡Lucas el Tibio!»

ACCIÓN: El Predicador se ve confundido. La cámara toma la cara del Tibio quien pone una expresión humilde y angelical.

ESCENA 2
El robo

LETRERO: Cuando termina la iglesia, la congregación saluda al Predicador a la salida.

ACCIÓN: La gente le da la mano al Predicador y se van. Cuando sale Lucas el Tibio, el Predicador le da una palmadita en la espalda. El Sheriff sale detrás del Tibio.

LETRERO: Mientras tanto, en el camino…

ACCIÓN: Unos bandidos en unos «caballos» van hacia la iglesia disparando. El Predicador y muchos caen al suelo. El Sheriff trata de disparar y le disparan en la pierna. Se le pide ayuda a Lucas el Tibio, quien ha visto todo esto, pero se va y los bandidos escapan.

ESCENA 3
El tribunal

LETRERO: Varios días después Lucas el Tibio va al tribunal por ser cristiano.

ACCIÓN: El Juez impone el orden. Lucas el Tibio es llevado por el Alguacil.

LETRERO: Primer testigo… el Sheriff.

ACCIÓN: El Sheriff, cojeando, es ayudado a sentarse para testificar y hace con pantomima la acción de los disparos.

LETRERO: Segundo testigo… un Miembro de la iglesia

ACCIÓN: El Miembro de la iglesia hace la pantomima de las acciones de Lucas el Tibio en la iglesia. El Juez se vuelve a Tibio y le pregunta si tiene algo que decir.

LETRERO: «¿Tienes algo qué decir?»

ACCIÓN: Tibio baja la cabeza arrepentido. El Juez pide al jurado su veredicto.

LETRERO: «¿Cuál es el veredicto?»

ACCIÓN: El Jurado señala con el pulgar hacia abajo.

LETRERO: La moraleja de esta historia: ¡No debes solo decirlo, sino debes vivir lo que dices!

FIN

La Ejecución

VISUAL	AUDIO
Cámara (o reflector de luz) sobre los hombres que están comiendo.	**CALVINICUS:** Hola Jorge, ¿qué hay de nuevo? **JORGEUS:** ¿Qué quieres decir? Aquí no sucede nada. Parece que es otro día caluroso. Es un buen día para ser camello ¿no? **CALVINICUS:** *(riéndose)* Sí, pásame una aceituna. **JORGEUS:** Toma limosnero. ¿Por qué no compras un frasco y te sientas en la puerta de Jerusalén?
Las personas comienzan a caminar por detrás de los trabajadores.	**CALVINICUS:** Déjame en paz ¿sí? Ha estado dura la cosa en los campos. ¡Mira mis uñas! **JORGEUS:** Sí, ya sé. La tierra está muy dura. Casi rompo el yugo de mi buey. **CALVINICUS:** ¿Qué sucede? ¿Qué es toda esta conmoción? **JORGEUS:** Ah, es solamente otra ejecución. Ya sabes, uno de esos «profetas» raros. Dicen que tienen la respuesta a los problemas del mundo. Está siendo ejecutado junto con dos criminales. **CALVINICUS:** Oh, ese tipo. Sí, escuché sobre él. Dicen que es Dios o algo así. Algunas personas afirman que hizo algún tipo de magia en algunos enfermos.
Una pequeña cruz es cargada y puesta a un lado.	**JORGEUS:** Sí, estos «profetas» son todos iguales. Supuestamente arreglan unas cuantas piernas y todos se quedan embobados. Claro, también se le acusa de crear un disturbio, incitar a los rebeldes y de desacato a la justicia. Nunca aprenden. Si este realmente quiere que alguien lo siga, debe explicar cómo es que su Dios es tan bueno en arreglar piernas y tan malo en sacarlo de la cárcel. Ah... mira... tengo que regresar a la casa para prepararme para la fiesta de esta noche.

The Ejecución—2

	CALVINICUS: Sabes Jorge, tan solo el otro día le decía a mi esposa que el mundo está muy mal. Por un lado tenemos a los zelotes radicales y a los esceneos caminando con el cabello corto y todas sus cosas, y por el otro tenemos a los falsos fariseos bocones, tocando trompetas por todas partes y orando en tu oreja. ¿Adónde vamos a llegar?
	JORGEUS: No sé, hombre. ¿Por qué no le preguntas a César?
	CALVINICUS: Sé que esto se oye raro, Jorge, pero a veces pienso que si existe Dios, desearía que hiciera algo radical sobre lo que está pasando aquí. Quiero decir, tú sabes, que pudiera venir aquí abajo y asestarles unos cuantos golpes a los romanos. Entonces algo sucedería.
	JORGEUS: ¡Sería grandioso que algo sucediera aquí! Todos los días... ve a los campos... ara, ara, ara... come algo rápido... de nuevo a trabajar... aplasta el grano... la misma vieja rutina. ¿Qué clase de vida es esta?
Una segunda cruz es traída y puesta al otro lado.	**CALVINICUS:** Sería maravilloso si todos pudiéramos regresar a los viejos tiempos cuando pastoreábamos.
	JORGEUS: ¿Estás bromeando? No volvería a pastorear por nada. El progreso hombre, el progreso. Sí claro, el pueblo se vuelve sucio con el polvo del tráfico, pero aquí es donde está la acción. Claro, toda esta actividad hace que mi esposa se queje más, si eso fuera posible.
	CALVINICUS: No sé, hombre. Parece que me despierto, hago callar a mi gallo, voy a trabajar, regreso a casa, apago la lámpara y regreso a la cama. ¡Cómo desearía que hubiera algo más! Me pregunto sobre todos estos asuntos religiosos. Quiero decir, si hay algo como Dios, ¿por qué no baja y dice: «Hola amigos, soy Dios. ¿Les gustaría ver a algunos romanos convertidos en pizza?»
	JORGEUS: Deberías de saber, Cal, que la religión es una bola de mitos y cosas. Bueno, nos vemos.
	CALVINICUS: Está bien Jorge, nos vemos después.
Una tercera cruz es llevada lentamente.	**JORGEUS:** *(sarcásticamente)* De acuerdo. Y por cierto, Cal, si te topas con algún tipo que diga: «Hola, soy Dios», déjame saber... me gustaría conocerlo.

FIN

RECURSOS DE ESPECIALIDADES JUVENILES
EDITORIAL VIDA

151 Encuentros con el Rey
El caso de Cristo, Edición Estudiantil
Drogas y Pornografía ¿Qué hacer?

¡Ayúdenme!, ¡Soy líder de jóvenes!
¡Ayúdenme!, ¡Soy líder de células! (Libro y DVD)
Como no liderar una célula (DVD)
500 Ideas para tu Ministerio Juvenil
Ministerio de Jóvenes con Propósito

Ministerio Juvenil Efectivo
Lecciones bíblicas creativas: «1 y 2 Corintios»
Lecciones bíblicas creativas: «Juan: Encuentro con Jesús»
Lecciones bíblicas creativas: «Romanos: ¡Fe al rojo vivo!»
Lecciones bíblicas creativas: «Verdades Brutales»
Lecciones bíblicas creativas: «La vida de Jesús»
Proyecto Discípulo (Material del Líder)
Proyecto Discípulo, Devocional Juvenil
Proyecto Discípulo, CD

Juegos para refrescar tu ministerio
Biblia G3

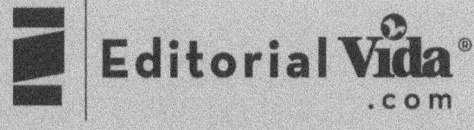

ILUSTRACIONES INOLVIDABLES

BIBLIA PARA EL LÍDER DE JÓVENES

Nueva Versión Internacional

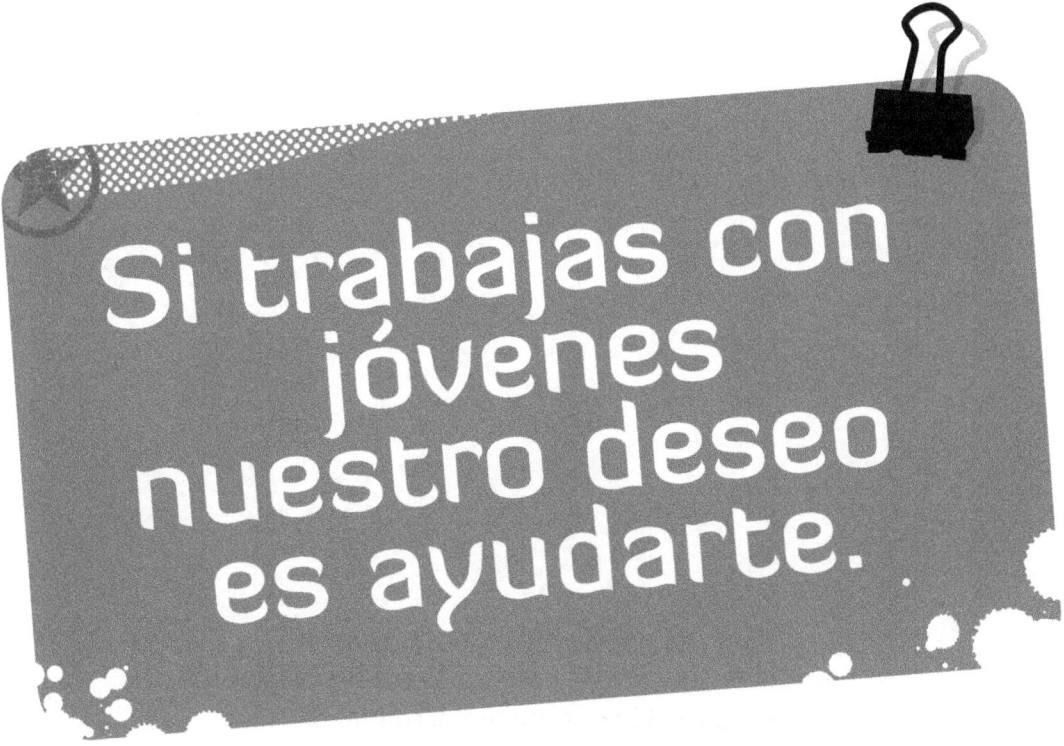

Un montón de recursos para tu ministerio juvenil
info@especialidadesjuveniles.com

Visítanos en:
www.especialidadesjuveniles.com

 www.facebook.com/EspecialidadesJuveniles

twitter twitter.com/EJNOTICIAS

 www.youtube.com/user/videosej

Nos agradaría recibir noticias suyas.
Por favor, envíe sus comentarios sobre este libro
a la dirección que aparece a continuación.
Muchas gracias.

Vida@zondervan.com
www.editorialvida.com